HIMMEL, HÖLLE,  BLINDEKUH

HIMMEL, HÖLLE, BLINDEKUH

Kinderspiele für drinnen und draußen

Aufgeschrieben
von Edmund Jacoby
Mit vielen Bildern von
Rotraut Susanne
Berner

Büchergilde Gutenberg

Einbandgestaltung und Layout: Rotraut Susanne Berner
Satz: LibroSatz Johannes Witt KG, Kriftel
Lithographie: RGD Offset-Druckvorlagenherstellung GmbH, Langen
Druck: Richard Wenzel, Goldbach
Bindung: Großbuchbinderei Monheim GmbH, Monheim
Printed in Germany 1993 ISBN 3 7632 4140 x

Inhalt

BLINDE KUH

Zimmerspiele in kleinen Gruppen

ONKEL PAUL SITZT IN DER BADEWANNE

Wort-, Schreib- und Denkspiele

REISE NACH JERUSALEM

Kinderpartyspiele

SIAMESISCHE ZWILLINGE

Kinderfest im Freien

KINDEROLYMPIADE

Spiele mit und ohne Sieger

RÄUBER UND SCHANDIZ

Spiele im Gelände

HIMMEL UND HÖLLE

Alltagsspiele

Vorwort

Beinahe ist ein Spielebuch überflüssig. Denn wenn mehrere Kinder beisammen sind, im Spielzimmer, auf der Straße oder dem Spielplatz, bei einer Kinderparty oder in der Schulpause, fällt ihnen fast immer ein Spiel ein, das gerade besonders gut paßt. Und irgendeins von ihnen weiß meistens auch, was die Regeln sind.

Aber „fast immer" und „meistens" ist zu wenig. Die Stimmung in einer Kindergruppe kann sehr schnell auf den Nullpunkt sinken, wenn niemand im richtigen Augenblick das richtige Spiel vorschlägt. Außerdem passiert es immer mal wieder, daß wirklich schöne Spiele in Vergessenheit geraten, weil es auch von der Mode abhängt, welche Spiele gerade beliebt und bekannt sind.

Deshalb ist ein Spielebuch wie dieses doch sehr nützlich. Hier finden die Erwachsenen (ohne die es zumindest bei größeren Gruppen von kleinen Kindern nun doch nicht geht) Anregungen und Informationen darüber, welche Spiele für wieviele Kinder welchen Alters in was für einer Situation die besten

sind; hier können größere Kinder nachlesen, wie bestimmte Spiele „gehen“, hier können auch kleinere Kinder herumblättern und mit Hilfe der Bilder herausfinden, was sie gerne spielen würden.
Überhaupt die Bilder: Besser und schneller als jeder Text vermitteln die eine Vorstellung von dem ganz besonderen Spaß, den ein bestimmtes Spiel macht. Durch die Bilder erst wird dieses Buch mehr als ein Nachschlageband für Spielanleitungen, nämlich ein Buch, das aufs Spielen richtig neugierig macht.
Geordnet sind die Spiele erst einmal nach Spielsituationen. So läßt sich am schnellsten die Antwort auf die Frage finden: Was spielen wir am Spielnachmittag zu Hause, bei einem Kindergeburtstag, auf einer Wiese oder am Strand im Sommer und so weiter.
Innerhalb der Kapitel aber, die jeweils für solch eine Spielsituation stehen, sind ähnliche Spiele zusammengestellt. Kreativer Umgang mit Spielen soll dadurch angeregt werden: Wer sieht, wie aus denselben Spielelementen immer neue Spiele entstehen, wenn diese anders kombiniert werden, wird sich leicht weitere Spiele ausdenken können. Abwandlungen von Spielen

sind deshalb oft nur angedeutet; die genauen Regeln müssen die Mitspieler selbst untereinander aushandeln.
Es gibt viel umfangreichere Spielesammlungen als diese, doch da die meisten Spiele einer gar nicht so großen Zahl von Grundmustern folgen, fanden wir es besser, uns auf die schönsten Spiele zu konzentrieren und Platz zu lassen für die Bilder – und die Phantasie.
Die schönsten Spiele sind oft die ältesten – von manchen läßt sich die Geschichte bis ins Mittelalter, ja bis ins Altertum zurückverfolgen. Es gibt aber auch neue Spielideen, die in kurzer Zeit einen Siegeszug rund um die Erde angetreten haben. Dazu gehören zum Beispiel einige der „Spiele ohne Sieger" in diesem Buch, die aus der quicklebendigen amerikanischen Neue-Spiele-Bewegung zu uns gekommen sind. (Wer noch mehr solche Spiele kennenlernen will, kann in den Büchern „New Games. Die neuen Spiele" von Andrew Fluegelman und Shoshana Tembeck und „Die neuen Spiele 2" von Andrew Fluegelman nachlesen, die beide im Verlag an der Ruhr erschienen sind.)
Bei solchen Spielen zeigt sich besonders deutlich, was Spiele von heute und die Art, wie Spiele heute gespielt werden, aus-

zeichnet: nämlich daß sie nicht mehr so wettbewerbsorientiert sind wie gerade die typischen Jungen-Spiele von früher und daß es kaum noch einen Unterschied zwischen Jungen- und Mädchenspielen gibt. Gott sei Dank dürfen heute auch Mädchen toben und Jungen Spiele spielen, bei denen es vor allem auf das Einfühlungsvermögen ankommt. Was aber überhaupt nicht heißen soll, daß der Unterschied zwischen Jungen und Mädchen (und der ist die Voraussetzung für das gewisse Kribbeln im Bauch, das sich bei manchen Spielen einstellen kann) keine Rolle spielt oder daß es ganz unwichtig geworden ist, wer ein Spiel gewinnt.
Es gibt keine Statistik über die Beliebtheit von Spielen und kein Meßgerät für den Spaß, den ein Spiel macht. Wer für sich die schönsten Spiele herausfinden will, kann deshalb nur in Büchern nach Empfehlungen suchen und sich bei anderen umhören, bei Kindern wie Erwachsenen. Und die Spiele ausprobieren. So haben wir's gemacht, und wir danken allen Freunden und Spielesammlern, die dabei geholfen haben.

Rotraut Susanne Berner
Edmund Jacoby

PS.: Die Kinder, die auf diesen Vorwort-Seiten zu sehen sind (es gibt sie übrigens wirklich), spielen auf den folgenden Seiten die Spiele vor. Dabei ist gleich zu sehen, welche Spiele für größere, welche für kleinere und welche für alle Kinder geeignet sind.

BLINDE KUH

Zimmerspiele in kleinen Gruppen

Wenn es draußen stürmt und schneit oder doch wenigstens regnet und kalt ist – dann ist die richtige Zeit für einen gemütlichen oder aufregenden (oder aufregenden *und* gemütlichen) Spielenachmittag. Das einzige, was ihr dafür braucht, sind Kinder zum Mitspielen.

Am schönsten läßt's sich spielen, wenn ihr euch alle blind vertrauen könnt. Und am besten lernt ihr euch kennen und gegenseitig vertrauen mit blinden Spielen.

Hänschen piep mal!
ab 4 Jahren
4 bis 10 Kinder

Alle Kinder sitzen auf Stühlen im Kreis. Jan ist der mutigste und erklärt sich als erster bereit, sich die Augen (mit einem Schal oder einem Küchenhandtuch) verbinden zu lassen. Susanne macht das und dreht ihn anschließend noch ein paarmal herum, bis er nicht mehr weiß, wo die vier Ecken des Zimmers sind. Volker hält ihm auch noch die Hand mit zwei, drei, vier oder fünf ausgestreckten Fingern vor die Nase und fragt: „Wie viele Finger sind das?" Da Jan keine Ahnung hat, können alle sicher sein, daß er rein überhaupt nichts sieht. Susanne führt Jan zu Annas Stuhl und hilft ihm, auf ihren Schoß zu klettern. Jetzt fordert Jan die Anna auf: „Hänschen, piep mal!" Und Anna gibt ein schüchternes „Piep!" von sich. Und nun soll Jan sagen, auf wessen Schoß er sitzt. Er überlegt und sagt: „Lisa!" – Falsch! Deshalb wird er auf den nächsten Schoß gesetzt, den von Luca. Und der kichert so, daß Jan schon „Luca!" ruft, bevor er überhaupt „piep" sagen kann. Natürlich ist jetzt Luca dran und muß sich die Augen verbinden lassen.

Blindekuh
ab 4 Jahren
4 bis 10 Kinder

Uralt, aber immer wieder ein schönes Spiel ist *Blindekuh*. Greta ist die blinde Kuh. Sie kriegt die Augen verbunden und wird ordentlich herumgedreht. Dann tapst sie los und versucht, eins der anderen Kinder zu kriegen. Es ist Kai, den sie erwischt, aber das weiß sie noch nicht. Deshalb muß sie ihr Opfer abtasten. Kann sie dann sagen, wer's ist, darf sie das Küchenhandtuch oder den Schal von den Augen nehmen und Kai umbinden, der jetzt die blinde Kuh ist.

Blindekuh mit Kochlöffeln
ab 5 Jahren
4 bis 10 Kinder

Wenn ihr euch gut kennt, könnt ihr *Blindekuh* schwieriger machen: Anna ist jetzt blinde Kuh und kriegt *Kochlöffel* in die Hände. Susanne, die sie mit einem ihrer Löffel berührt hat, muß stehenbleiben und sich mit beiden Löffeln abtasten lassen. Jetzt hat die blinde Kuh es schon viel schwerer als beim Tasten mit den Händen, vor allem wenn Susanne es schafft, nicht zu kichern oder loszuprusten. Denn man kann Menschen natürlich auch an der Stimme erkennen.

Blindekuh mit Lautgeben
ab 5 Jahren
4 bis 10 Kinder

Deshalb könnt ihr *Blindekuh* auch so spielen: Hat Otto, die Kuh, den Till erwischt, sagt er: „Hänschen, piep mal!", und Till muß „piep" sagen oder einen anderen Laut von sich geben. Natürlich kann er dabei auch die Stimme verstellen; aber eine gute blinde Kuh weiß auch dann, wer's ist.

Ganz mutige Kinder spielen *Blindekuh* auch mit Küssen! Die Anna darf (muß) dann den Jan, den sie erwischt hat, auf die Stirn oder die Backe küssen. Es ist erstaunlich, aber es geht: man kann andere an der unterschiedlichen Zartheit der Haut und am Geruch erkennen – probiert's mal aus!

Blindekuh mit Küssen
ab 5 Jahren
4 bis 10 Kinder

Ihr könnt auch *zwei blinde Kühe* gleichzeitig ins Rennen schikken, die sich fangen müssen. Jetzt geht's nicht mehr ums Erkennen, sondern darum, welche blinde Kuh die andere zuerst abschlägt. Damit sich beide im Zimmer überhaupt finden können, müssen sie in regelmäßigen Abständen einen Laut von sich geben oder ein Geräusch machen. Die siegreiche blinde Kuh darf die Binde von den Augen nehmen, und für sie tritt ein anderes Kind an.

Zwei blinde Kühe
ab 5 Jahren
2 bis 10 Kinder

Ein schönes Spiel, gerade fürs Kennenlernen, heißt *Goofy*. Jule ist Goofy. Alle tapsen mit verbundenen oder geschlossenen Augen (ehrlich bleiben – nicht blinzeln!) durchs Zimmer, die Arme grade vorgestreckt. Wenn ein Kind ein anderes berührt, fragt es: „Goofy?", und das andere Kind fragt zurück: „Goofy?" – Außer Jule. Sie sagt nichts, denn Goofy ist als einziger stumm. „Aha", denkt Otto, der Jule gefragt hat, „da haben wir Goofy!", und wenn er schnell genug reagiert und Goofy die Hand gibt, ist das Spiel aus (oder Otto wird jetzt Goofy). Ist Jule aber schon weitergewandert, bevor Otto ihr die Hand gegeben hat, geht das Spiel weiter, bis jemand fixer reagiert.

Goofy
ab 5 Jahren
5 bis 10 Kinder

Schinkenklopfen
ab 5 Jahren
4 bis 16 Kinder

Schinkenklopfen ist eigentlich auch ein schönes Kennenlernspiel: Kai muß sich hinknien und den Kopf auf einen Stuhl oder Sessel legen, so daß er nichts sehen kann (notfalls muß er die Augen zugebunden kriegen). Dann dürfen die anderen ihm auf den „Schinken" hauen, nacheinander, bis er richtig rät, daß ein Klopfer von Susanne kam. Dann muß Susanne mit ihrem Schinken ran.

Mit ein bißchen Übung kann man die anderen ganz gut an ihrer „Handschrift" erkennen und muß sich nicht zu lange klopfen lassen.

Klar sollte sein, daß niemand zu brutal zuhauen darf: Dann macht Schinkenklopfen keinen Spaß mehr!

Schimmelreiten
ab 6 Jahren
4 bis 10 Kinder

Ganz ähnlich wie Schinkenklopfen geht *Schimmelreiten:* Ali hat die Augen verbunden (Scheuklappen!). Er ist der Schimmel und läuft auf allen vieren durchs Zimmer. Nacheinander schwingen sich die anderen in den Sattel und reiten auf dem Schimmel – bis Ali einen Reiter richtig erkannt hat, zum Beispiel den Otto. Dann muß Otto den Schimmel machen.

Wer ist raus?

Vielleicht habt ihr schon gemerkt, daß für die bisher aufgeführten Spiele – und für die meisten anderen gilt dasselbe – eines zu klären ist: *Wer fängt an?* Wer muß sich zuerst auf den Schinken klopfen lassen, wer ist zuerst die blinde Kuh? Kurz, wer ist, wie es in der Sprache der Kinderspiele heißt, „raus" oder „draußen"? Das festzustellen, gibt es eine Reihe interessanter Methoden, die selbst schon wieder Spiele sind.

Abzählreime

Die vielleicht schönste Methode ist der *Abzählreim.* Wahrscheinlich jede(r) kennt den:

Hans zählt ab. Er zeigt bei jeder neuen Silbe auf den nächsten der im Kreis aufgestellten Mitspieler (wobei er sich selbst mitzählt). Bei der letzten Silbe zeigt er auf Sarah, und deshalb ist Sarah jetzt „draußen".

Es gibt Hunderte schöner Abzählreime, man hat schon ganze Bücher davon gesammelt. Hört euch mal an, welche die anderen kennen!

Es gibt auch schwierige Abzählsprüche, die mit Rätselfragen verbunden sind. Etwa den:

Eine elektrische Eisenbahn
fährt von Hamburg nach Köln.
Wo geht der Dampf hin?

Bei „hin" hat Anna gerade auf Volker gezeigt. Der muß Anna nun ins Ohr flüstern, wohin der Dampf geht (natürlich nirgendwohin, denn elektrische Eisenbahnen produzieren keinen Dampf; aber das zu merken, war wahrscheinlich nur früher schwierig, als die meisten Eisenbahnen noch dampfbetrieben waren). Flüstert Volker etwas Falsches oder weiß nichts, ist er „raus", sonst wird weitergezählt.
Das Auszählen kann man aber auch auf die folgende Weise noch ein bißchen spannender gestalten: Wenn Volker nach dem Abzählvers ausgezählt ist, fragt Anna ihn: „Sag mir jetzt, wie alt du bist?" Und dann wird noch so viele Kinder im Kreis weitergezählt, wie Volker Jahre auf dem Buckel hat.

Auswürfeln

Man kann natürlich auch *auswürfeln*, wer „raus" ist: Wer die höchste (oder kleinste) Zahl hat, darf/muß anfangen.

Streichhölzer ziehen

Oder es werden *Streichhölzer gezogen:* Otto hält soviel Streichhölzer, wie Kinder da sind, so in der Hand, daß man die Köpfe nicht sehen kann. Nur bei einem Streichholz ist der Kopf abgebrochen. Alle ziehen nacheinander ein Streichholz; wer das ohne Kopf hat, ist „raus". Dieses Verfahren ist besonders geeignet für den Fall, daß die anderen nicht wissen sollen, wer „raus" ist (wie zum Beispiel bei *Goofy*); denn man kann die Streichhölzer auch so ziehen, daß niemand sieht, wer das ohne Kopf hat.

Lose ziehen

Bei vielen Mitspielern ist es gut, *Lose zu ziehen:* In einem Hut sind soviele zusammengefaltete Zettel, wie Mitspieler da sind; nur einer ist besonders markiert, und wer den zieht, ist „raus". Auch hier braucht keiner zu wissen, wen das Los getroffen hat. Für Spiele, bei denen man zwei oder mehr Kinder braucht, die anfangen (zum Beispiel bei *Zwei blinde Kühe*), kann man natürlich zwei oder mehr Zettel markieren. Bei Mannschaftsspielen legt man zwei oder mehrere Sorten Zettel in den Hut – soviele Sorten, wie Mannschaften gegeneinander antreten sollen. Das ist übrigens meistens besser, als Mannschaften wählen zu lassen, denn dann werden immer die zuletzt gewählt, die am wenigsten stark, bekannt oder gerade beliebt sind. Oder Jungen wählen nur Jungen und Mädchen nur Mädchen.

Karten ziehen

Ganz ähnlich wie Lose ziehen ist es, wenn *Karten* aus einem Kartenspiel gezogen werden. Dann hat einer eben den „schwarzen Peter". Bei einem Skatspiel kann der schwarze Peter auch das Pik As oder die Karo Zwei oder sonstwas sein. Das könnt ihr selbst bestimmen.

Münze werfen

Wenn entschieden werden soll, wer von zweien oder welche von zwei Gruppen anfangen darf/soll, kann man auch eine *Münze werfen*, nachdem vorher ausgemacht ist, wer auf „Zahl" und wer auf „Adler" setzt. So wird's auch im Bundesligafußball gemacht.

Piß-Pott

Wer zuerst dran ist, läßt sich auch mit der *Piß-Pott*-Methode herausfinden. Jule und Volker stellen sich in einigen Metern Abstand gegenüber auf; Jule setzt einen Fuß dicht vor den anderen und sagt: „Piß!" Volker macht jetzt dasselbe und sagt: „Pott!" Und so geht es immer abwechselnd weiter, bis beide dicht voreinander stehen. Wer zuletzt noch einen Fuß vor den anderen setzen kann, hat gewonnen. Vorher muß man ausmachen, ob auch „halbe" (quergestellte) Füße gelten.

Sehr beliebt ist *Ausknobeln* nach dem *Sching-Schang-Schong-* (oder *Schnick-Schnack-Schnuck-*)Verfahren: Sabine und Hans stehen sich gegenüber, schwingen dreimal die rechte Hand und sagen dabei die drei magischen Worte.

Ausknobeln
Sching-Schang-Schong
Schnick-Schnack-Schnuck

Bei *Gerade oder ungerade* strecken beide beim dritten Wort null bis fünf Finger aus. Nun zählen sie die Zahl der ausgestreckten Finger zusammen. Kommt eine ungerade Zahl heraus, hat Sabine gewonnen, denn sie hat sich vorher für „ungerade" entschieden; kommt eine gerade Zahl heraus, hat Hans gewonnen.

Gerade oder ungerade

Bei *Stein, Schere, Papier* formen beide beim dritten Wort entweder die Faust (das ist der „Stein"), zeigen die flache Hand („Papier") oder spreizen Zeige- und Mittelfinger auseinander (was die Schere ergibt). Und nun gilt die Regel: Stein schleift Schere (Stein gewinnt also), Schere schneidet Papier, aber Papier wickelt Stein ein.

Stein, Schere, Papier

Die meisten knobeln dreimal hintereinander, das macht die Sache spannender: wirklich gewonnen hat erst, wer zwei von drei Malen gesiegt hat.

Ein einfaches Entscheidungsverfahren ist *Flaschendrehen:* Die Kinder sitzen im Kreis, in der Mitte liegt eine Flasche; Greta dreht die Flasche nun wie einen Kreisel. Die Flasche wird langsamer und bleibt schließlich so liegen, daß sie mit der Öffnung auf Jan zeigt. Jan ist „raus".

Flaschendrehen

Pfänderspiele

Flaschendrehen könnt ihr auch als einfaches *Pfänderspiel* spielen: Das Kind, das die Flasche bestimmt hat, muß ein Pfand abgeben: irgendwas aus seiner Hosentasche, die Schleife aus dem Haar oder notfalls ein Kleidungsstück. Das wird solange wiederholt, bis jedes Kind wenigstens ein Pfand abgegeben hat oder alle finden, daß genug Pfänder da sind.

Pfänder auslösen

Nun müssen die *Pfänder ausgelöst* werden, damit jeder seines wiederkriegt. Das geht am besten so: Sophie ist der *Dubbelkasten.* Sie bekommt die Augen verbunden (oder muß sich vor einen Stuhl knien und die Augen zuhalten). Susanne nimmt jeweils eines der Pfänder hoch und klopft ihr auf den Rücken: „Dubbeldidubbeldidupp, was soll der tun, dem dieses Pfand gehört?“ Nun tönt es aus der Tiefe des Dubbelkastens: „Der muß alle auf die Nase küssen!“ – Oder: „Der muß auf den Tisch steigen und ein Lied singen!“ oder: „Der muß mich jetzt ablösen!“ oder . . . Der Phantasie sind keine Grenzen gesetzt. Wichtig ist, daß der Dubbelkasten auch mal abgelöst wird, damit alle ihre besten Ideen loswerden.

Während Flaschendrehen ein reines Glücksspiel ist, sind die meisten Pfänderspiele *Konzentrationsspiele.* Oder umgekehrt: Alle Konzentrationsspiele in einer Gruppe könnt ihr so spielen, daß ein Pfand abgeben muß, wer einen Fehler gemacht hat.

Schlapp hat den Hut verloren
ab 6 Jahren
4 bis 10 Kinder

Zum Beispiel: *Schlapp hat den Hut verloren.* Alle kriegen eine Nummer. Lisa fängt an: „Schlapp hat den Hut verloren, drei hat ihn." Nummer drei, das ist Till, hat gut aufgepaßt und macht weiter: „Schlapp hat den Hut verloren, fünf hat ihn." Und so geht's weiter – bis es eben nicht mehr weitergeht, denn dann hat jemand nicht aufgepaßt und muß ein Pfand abgeben. Je schneller das Spiel gespielt wird, umso mehr müßt ihr aufpassen.

Alle Vögel fliegen
ab 6 Jahren
4 bis 10 Kinder

Dasselbe gilt für *Alle Vögel fliegen:* Alle sitzen im Kreis um einen Tisch oder auf dem Boden. Otto fängt an: „Alle Vögel fliegen!" – Da strecken alle die Arme hoch und rufen: „Hoch!" Und weiter geht's: „Alle Spatzen fliegen!" – „Hoch!" – „Alle Flugzeuge fliegen!" – „Hoch!" – „Alle Katzen fliegen!" – Hat Sophie da nicht „Hoch!" gerufen und die Arme gehoben? Katzen können doch gar nicht fliegen! Sophie muß ein Pfand abgeben und macht weiter: „Alle Adler fliegen". . . „Alle Zeppeline fliegen". . . – „Alle Waschmaschinen fliegen". . . ???

Alle Taschenlampen leuchten
ab 6 Jahren
4 bis 10 Kinder

Fast wie *Alle Vögel fliegen* geht *Alle Taschenlampen leuchten.* Dies Spiel hat allerdings den besonderen Reiz, daß es im Dunkeln gespielt wird. Jedes Kind braucht eine Taschenlampe. Anna beginnt: „Alle Taschenlampen leuchten!" – Da rufen alle „Hell!" und knipsen dabei ihre Taschenlampen an.
„Alle Straßenlaternen leuchten" – „hell!" – „Alle Glühwürmchen leuchten" – „hell" – „Alle Limoflaschen leuchten". . . ???

Dösbottel
(Dummkopf)
ab 7 Jahren
4 bis 15 Kinder

Noch wichtiger als bei *Alle Vögel fliegen* ist es bei *Dösbottel,* daß immer ein bestimmter Rhythmus eingehalten wird. Alle sitzen im Kreis und bekommen der Reihe in diesem Kreis nach eine Nummer. Hans ist der Dösbottel; er hat die Nummer eins und fängt an, im Vierertakt zweimal auf seine Schenkel und zweimal in die Hände zu klatschen. Alle klatschen genauso mit. Nach zwei Klatschtakten nennt Hans eine Nummer, sagen wir „sechs" – das ist Lisa. Alle klatschen weiter. Nach zwei Klatschtakten ruft Lisa eine andere Nummer auf – und so weiter, bis Sabine nicht aufgepaßt hat. Sie muß ein Pfand abgeben und tauscht den Platz mit Hans, weil sie jetzt Dösbottel ist und damit die Nummer eins. Hans, der alte Dösbottel, ist nun Nummer zwei; auch die anderen in der Runde, die vor Sabine gesessen haben, rücken eine Nummer vor. Das macht es für sie in der nächsten Runde schwieriger, schnell genug zu merken, wenn ihre eigene Nummer aufgerufen ist. Wer am besten aufpaßt, kämpft sich in die höheren Nummern vor oder behält sie.

Tabu-Wörter

ab 7 Jahren
3 bis 10 Kinder

Wenn die Hände vom Klatschen müde sind, schlägt Susanne vielleicht vor, daß zur Erholung eine Geschichte erzählt werden soll. Sie sagt einen Satz: „Gestern nach der Schule habe ich zuerst zu Mittag gegessen.“ Ali setzt die Geschichte mit einem weiteren Satz fort: „Es hat gut geschmeckt.“ Volker macht weiter: „Dann bin ich runter auf die Straße gegangen“ – und schon muß Volker ein Pfand abgeben, denn die Wörter „dann“ und „und“ sind bei diesem Spiel *tabu*, dürfen also keinesfalls vorkommen.

Ihr könnt außer „und“ und „dann“ noch andere häufig vorkommende Wörter für *tabu* erklären. Wichtig ist, daß immer flott weitererzählt werden muß.
Eine andere Möglichkeit: Volker fragt jemanden aus der Runde etwas, zum Beispiel Lisa, und die darf bei ihrer Antwort auf keinen Fall „ja“ oder „nein“ sagen. Diese Wörtchen sind *tabu*. Natürlich wird Volker seine Frage so stellen, daß besagte Wörter eigentlich in der Antwort vorkommen müßten. Hat Lisa eine fehlerlose Antwort gegeben, fragt Volker Otto, dann Ali und schließlich Sophie, die prompt mit „nein“ antwortet. Nun muß sie weiterfragen.

Toben im Zimmer

Nach vielem Herumsitzen und Konzentrieren pflegt sich bei den meisten Kindern das Bedürfnis nach Bewegung einzustellen. Das ist der Augenblick, den Erwachsene fürchten, denn sie finden ruhige Kinder praktischer. Vielleicht lassen sie sich aber überzeugen, daß es auch für sie besser ist, wenn die Kinder nach gewissen Regeln toben. *Bewegungsspiele* sind für alle interessanter als ungeregelte kindliche Temperamentsausbrüche.

Ballspiele sind nichts im Zimmer, aber viele Ballspiele (siehe Seite 101 ff.) kann man auch mit *Luftballons* spielen, dann sind die Fensterscheiben nicht mehr in Gefahr. (Nur die uralte chinesische Vase sollte in Sicherheit gebracht werden.) Es wäre übrigens gut, wenn immer ein paar (unaufgeblasene) Luftballons in der Schublade liegen. Schon das Aufblasen ist ein Spiel für sich (siehe Seite 64). Was ihr außer Ballspielen noch alles mit Ballons machen könnt, steht auf den Seiten 83 und 89.

Ballon-Volleyball

ab 7 Jahren
6 bis 12 Kinder

Besonders gut geht *Ballon-Volleyball:* Zwei Gruppen dürfen sich nur in jeweils einer Hälfte des Raumes bewegen, auf ihrer Seite der (zum Beispiel mit einem Bindfaden) markierten Mittellinie. Sie müssen nun zusehen, daß der Ballon in der gegnerischen Hälfte, nicht aber in ihrer eigenen den Boden berührt. Dabei darf der Ballon aber nur mit den Fingerspitzen getitscht werden.

Ballontreiben

ab 7 Jahren
6 bis 18 Kinder

Beim *Ballontreiben* versuchen zwei Gruppen den Ballon mit Kochlöffeln unter den Stuhl zu treiben, der jeweils das Tor des Gegners darstellt. Statt der Tore könnt ihr auch Eimer nehmen, in die der Ballon zu bugsieren ist. Dafür braucht ihr allerdings schon ein bißchen Platz, wie in einer Schulklasse oder im Gemeinschaftsraum einer Jugendherberge.

Im Kinderzimmer oder Wohnzimmer könnt ihr dasselbe als *Turnier* spielen: Also, es treten immer nur zwei Kinder gegeneinander an; wer gewinnt, kommt eine Runde weiter und darf gegen jemand anderes oder die Siegerin/den Sieger aus einer anderen Begegnung spielen. Und so geht's – wie bei der Fußballweltmeisterschaft – bis zum Endspiel.

Turniere

Entweder mit Mannschaften oder als Turnier könnt ihr auch *Schrubberhockey* spielen: Es geht hier darum, mit Schrubbern oder Besen einen (trockenen!) Lappen ins gegnerische Tor zu treiben. Voraussetzung ist natürlich ein glatter Fußboden.

Schrubberhockey
ab 8 Jahren
6 bis 12 Kinder

Kissenschlachten sind bei Kindern sehr beliebt, vor allem dann, wenn sie gerade schlafen gehen sollen; Kissenschlachten folgen aber normalerweise keinen Regeln. Folgendes Kissenschlachtturnier läßt sich jedoch auch an einem normalen Spielenachmittag oder -abend veranstalten. Vorausgesetzt, alle Kinder sind ungefähr gleich stark und nicht zu empfindlich: Anna und Jan hocken sich einander gegenüber hin. Jan hält sich die Hände vor die Ohren und schließt die Augen. Anna darf ihm ein Kissen um die Ohren hauen. Dann ist aber Jan dran. Abwechselnd haben beide einen Schlag; wer zuerst das Gleichgewicht verloren hat, scheidet aus, der andere kommt eine Runde weiter.

Kissenschlacht
ab 8 Jahren
4 bis 12 Kinder

Standhalten
ab 6 Jahren
2 bis 12 Kinder

Ums Gleichgewicht geht's auch bei *Standhalten:* Susanne und Antonio stellen sich mit geschlossenen Beinen einander so gegenüber, daß sich ihre Fußspitzen berühren. Dann legen sie die Handflächen aufeinander, und beim Zeichen des Schiedsrichters drücken sie – bis eine/r die Füße nicht mehr zusammenhalten kann. Macht ein Turnier daraus!

Backe an Backe
ab 6 Jahren
2 bis 12 Kinder

Das geht auch andersherum und heißt dann *Backe an Backe:* In diesem Fall stellt ihr euch am besten mit leicht gegrätschten Beinen so hin, daß sich eure Hacken berühren, und auf Pfiff drückt ihr mit den Pobacken gegeneinander – bis ein Kämpfer ins Straucheln gerät.

Fangen im Zimmer
ab 5 Jahren
4 bis 12 Kinder

Natürlich könnt ihr auch im Zimmer *Fangen* spielen; nur kann man drinnen nicht so gut rennen. Um das Tempo zu drosseln, ist hier *Fangen auf allen vieren* das richtige. Dabei können die Regeln von allen möglichen Fang-Spielen (siehe Seite 109 ff.) angewandt werden.

Verstecken verkehrt
(Sardine)
ab 5 Jahren
3 bis 10 Kinder

Verstecken kann man ebenfalls drinnen spielen; da es aber hier nicht so viele Verstecke gibt wie im Freien, empfiehlt sich *Verstecken verkehrt.* Also nicht ein Kind sucht alle anderen, sondern alle suchen eines.

Hat Luca Sophies Versteck entdeckt (den Kleiderschrank), so kann er in einem unbeobachteten Augenblick zu ihr kriechen. Otto, der als nächster spitzkriegt, wo das Versteck ist, krabbelt dann ebenso hinein – bis am Ende alle Kinder dicht an dicht im Schrank hocken, wie die Sardinen in der Dose. Deshalb heißt dieses Versteckspiel *Sardine*.

Tischtennis-Rundlauf
ab 8 Jahren
3 bis 10 Kinder

Ideal zum Toben ist es, wenn eine Tischtennisplatte zur Verfügung steht. Richtige Tischtennisturniere werden allerdings langweilig, wenn immer nur zwei spielen und die anderen zugucken müssen. Da ist *Tischtennis-Rundlauf* schon besser: Sabine schlägt auf, aber wenn der Ball zurückkommt, muß schon Antonio, der nächste der um den Tisch herum aufgestellten Spieler, den Schläger schwingen.

Pusteball
ab 8 Jahren
2 bis 6 Kinder

Keine Tischtennisplatte, auch keinen Schläger, sondern nur einen Tischtennisball und einen gewöhnlichen Küchentisch braucht ihr für *Pusteball:* Die einen versuchen, den Tischtennisball auf die gegnerische Tischhälfte und dort über den Rand zu pusten, die anderen bemühen sich, den Ball mit ihrer Puste rechtzeitig zu stoppen und dann zum Gegenangriff überzugehen. Läßt sich als Mannschaftsspiel und zu zweit (als Turnier!) spielen.
Übrigens: sollte mal kein Tischtennisball zur Hand sein, könnt ihr einfach eins von den Wattebällchen nehmen, wie sie Mama zum Abschminken benützt. Geht prima!

Nach vielem Konzentrieren und Toben habt ihr zum Abschluß des Spielenachmittags oder -abends wahrscheinlich Lust, mal etwas gar nicht Anstrengendes zu spielen, vielleicht etwas, wobei ihr ganz nah bei jemandem sein könnt, die oder den ihr besonders mögt.

Stille Post
ab 8 Jahren
6 bis 12 Kinder

Fangt doch mit *Stille Post* an: Alle sitzen im Kreis und halten sich über Kreuz an den Händen. Jetzt geht die Post ab, per Händedruck. Regina fängt an und drückt die Hand ihres Nachbarn. Das ist Antonio, und der gibt die Post weiter. Das kann langsam und schnell gehen, vorwärts und rückwärts. In der Mitte steht Hans und versucht das Postgeheimnis zu brechen, das heißt, herauszubekommen, wo die Botschaft sich gerade befindet. Leider werden die Hände meistens hinter seinem Rükken gedrückt, aber wenn er sich einmal plötzlich herumdreht, sieht oder ahnt er vielleicht, wo sich die Botschaft gerade befindet. Tatsächlich: den Till erwischt er. Jetzt darf Hans sich in den Kreis setzen, und Till muß in die Mitte.

Gerücht
ab 8 Jahren
6 bis 12 Kinder

Die Entstehung von *Gerüchten* ist so ähnlich wie eine schlecht funktionierende Post: Sophie flüstert Otto, dem nächsten im Kreis, atemlos einen Satz ins Ohr, vielleicht: „Meine Oma fährt im Hühnerstall Motorrad." – Der versteht aber: „Die Oma nimmt die Hühner all' auf Vorrat." Und am Ende der Runde kommt vielleicht heraus: „Der Thomas und die Hühner singen im Choral." Es ist meistens ziemlich komisch, was in der Gerüchteküche ausgekocht wird.

Armer schwarzer Kater
ab 8 Jahren
6 bis 12 Kinder

Immer lustig und altbewährt ist *Armer schwarzer Kater:* Till ist der arme Kater und läuft (auf allen vieren natürlich) in der Mitte des Kreises herum. Dann steuert er auf Regina zu, kniet sich vor sie hin und miaut ganz herzzereißend. Nach jedem „Miau" wird der Kater gestreichelt: „Armer schwarzer Kater!" Aber wehe, Regina muß lachen: dann ist sie sofort selber der schwarze Kater. Noch ein Tip: Unwiderstehlich wird so ein Kater, wenn er ganz schmusig anfängt, seinen Kopf an den Beinen seines Opfers zu reiben und dabei schrecklich liebebedürftig schnurrt.

Ich sitze im Grünen
ab 8 Jahren
6 bis 20 Kinder

Ist *Armer schwarzer Kater* schon ein guter Vorwand, um auch ein bißchen zu schmusen, so könnt ihr bei *Ich sitze im Grünen* ganz offen sagen, wen ihr besonders mögt: Alle sitzen im Kreis. Volker fängt an: „Ich sitze . . .“ – Anna, die nächste im Kreis, spricht weiter: „. . . im Grünen . . .“ – dann ist Sophie dran: „. . . und habe . . .“ – jetzt Ali: „. . . ganz schreckliche . . .“ – Lisa: „. . . Sehnsucht . . .“ – und nun darf Otto sagen, nach wem er sich sehnt, zum Beispiel: „. . . nach der Susanne.“ Jetzt muß sich Susanne neben ihn setzen, und Antonio, der vorher da saß, wechselt auf ihren Platz. Susanne macht weiter: „Ich sitze . . .“ Tut euren Gefühlen bei diesem Spiel keinen Zwang an, aber achtet auch ein bißchen darauf, daß jede und jeder mal als Nachbar gewünscht wird. Schließlich möchten wir doch alle gemocht werden – oder?

ONKEL PAUL SITZT IN DER BADEWANNE

Wort-, Schreib- und Denkspiele

Wer spielen will, braucht nichts außer dem, was er im Kopf hat: Wörter. Mit Wörtern könnt ihr auch spielen, wo ihr rein gar nichts zur Hand habt und euch so gut wie gar nicht bewegen könnt. Zum Beispiel im Auto auf langen Fahrten in den Urlaub oder im Stau. Da können dann auch die Erwachsenen mitmachen, denn die wollen sich ja auch nicht langweilen.
Zu Hause findet ihr immer ein paar Bleistifte und Papier und auch ein paar nicht zu große Alltagsgegenstände. Dort könnt ihr deshalb außer Wortspielen immer auch Schreib- und Memory-Spiele spielen. Weil Erwachsene sich meistens ungern bewegen und bei diesen Spielen alle an ihrem Platz bleiben können, sind dies echte *Familienspiele*.

Ratespiele

Ich seh, ich seh, was du nicht siehst

ab 6 Jahren

2 bis 8 Kinder

„Ich seh, ich seh, was du nicht siehst . . .“, fängt Lisa an, „. . . und das ist grün.“ Die anderen raten der Reihe nach. Das grüne Sofakissen ist es nicht, das grüne Buch im Regal auch nicht, auch nicht der grüne Tupfer auf dem Hemd von Ali. Lisa hat sich ganz was Schwieriges ausgedacht: es ist der grüne Baum auf dem Bild an der Wand. Otto hat es herausbekommen und darf sich etwas Neues ausdenken – vielleicht zur Abwechslung etwas Rotes oder Viereckiges oder etwas, das leuchtet . . .
Wenn keiner herauskriegt, was für ein grünes Dingsda Lisa sich ausgesucht hat, muß sie noch einmal hingucken. Und wenn sie auf das Bild guckt, dann wird schon jemand auf ihren Baum kommen.

Ich hab mir was gedacht

ab 8 Jahren

2 bis 10 Kinder

Wenn wir etwas sehen wollen, muß es hell sein. Aber etwas denken können wir auch im Dunkeln, wenn wir nicht einschlafen können oder nachts hinten im Auto sitzen.
„Ich hab mir was gedacht“, sagt Till, und Otto soll's herausbekommen. Dabei muß er sich ganz systematisch vorantasten, denn es gibt unendlich viele Möglichkeiten, was Till gedacht haben kann, und er antwortet nur mit „ja“ oder „nein“. „Kann man es sehen und anfassen?“ fragt Otto als erstes. (Das sollte es meistens sein, sonst wird das Spiel ganz schön schwierig.) Till sagt „ja“. Deshalb ist Otto wieder dran. „Ist es hier im Raum?“ – „Nein“. Jetzt ist Anna an der Reihe. „Gibt es dein Dingsda nur einmal?“ – „Ja!“ – „In Europa?“ – „Nein.“ – Sabine: „In Amerika?“ – „Ja!“ – „Dann ist es das höchste Hochhaus der Welt!“ – „Nein!“ – Jetzt weiß es Regina aber: „Die Freiheitsstatue im Hafen von New York.“ – „Ja, die ist es!“ (Gott sei Dank war's nicht der höchste Wolkenkratzer, denn da müssen sich die Experten streiten, ob die Amerikaner nicht inzwischen einen höheren gebaut haben!) Regina darf sich jetzt etwas denken.

Berufe, Tiere, Pflanzen und berühmte Gebäude raten
ab 8 Jahren
2 bis 10 Kinder

Oft ist „Ich hab mir was gedacht" ziemlich mühsam, weil es zu viele Möglichkeiten gibt. Einfacher ist *Berufe raten, Pflanzen raten, berühmte Gebäude raten* oder was euch noch so alles einfällt.
Alle diese Ratespiele könnt ihr schon zu zweit spielen, aber in einer Runde macht's mehr Spaß.

Wer bin ich?
ab 10 Jahren
4 bis 12 Kinder

Wer bin ich ist eine Methode, *berühmte Leute zu raten.* Till muß aus dem Zimmer, und die anderen einigen sich auf eine berühmte Person, die er sein soll, also zum Beispiel Goethe oder die Bundestagspräsidentin oder Michelangelo oder eine Popsängerin, der Torwart von Bayern München oder einer aus dem Fernsehen. Den Namen schreiben sie auf einen Zettel und kleben den mit Tesafilm auf Tills Stirn, so daß er seinen Namen nicht lesen kann. Jetzt muß er die anderen der Reihe nach fragen, wer er ist. Also zum Beispiel, ob er Mann oder Frau ist, in diesem oder in einem anderen Jahrhundert lebt und so weiter. Die anderen antworten nur mit „ja" oder „nein".

Was bin ich?
ab 8 Jahren
4 bis 12 Kinder

Dasselbe Spiel kann man natürlich auch mit Berufen spielen *(Was bin ich?)*, und warum nicht auch mit Pflanzen, Tieren oder Gebäuden.

Chinesisches Roulette

ab 10 Jahren
6 bis 12 Kinder

Das bringt uns auf ein berühmtes Spiel, bei dem es weniger um systematisches Raten als um psychologisches Einfühlungsvermögen geht: *Chinesisches Roulette*. Roulette heißt das Spiel, weil es jeden treffen kann: Sabine wird rausgeschickt, dann wird unter den übrigen jemand ausgezählt (gelost, die Flasche gedreht). Es trifft Hans. Nun müssen die anderen sagen, welche Farbe, welche Blume, welches Tier, welcher Baum, welches Auto oder andere Dinge gut auf Hans passen. Darüber einigen sich alle in einer Diskussion (notfalls mit Abstimmen, was man auch auf Zetteln machen kann). Auf Hans paßt, finden die meisten, Rot – Tulpe – Stier – Buche und BMW, weil er geradeheraus, aber auch ein bißchen jähzornig ist. Nun wird Sabine hereingerufen, und sie fragt nach Farbe, Blume, Tier, Baum und Auto, und wenn sie gut rät und die anderen sich ihre Sache gut überlegt haben, hat sie schon vor dem Auto den Hans herausbekommen. Jetzt wird Hans vor die Tür geschickt, und es trifft jemand anderen das Los!

Weil man sich in diesem Spiel durch die Blume (durch die Farbe usw.) die Meinung sagt (was gut sein kann), heißt es aber auch aufpassen, daß es dabei nicht zu Gemeinheiten kommt; Blumen wie Mimose oder Mauerblümchen und Tiere wie Ratten oder Stinktiere solltet ihr auf jeden Fall weglassen.

Teekesselchen mit Wörtern, die zwei Bedeutungen haben
ab 10 Jahren
6 bis 12 Kinder

Nach dem ein bißchen gefährlichen Chinesischen Roulette jetzt noch ein Rate-Klassiker: *Teekesselchen.* „Mein Teekesselchen kann fliegen", sagt Anna, und Otto, ihr Partner, ergänzt: „Und mein Teekesselchen tropft." Lisa weiß, daß ein Teekesselchen immer ein Wort mit zwei verschiedenen Bedeutungen sein muß. Und sie hat schon eine Ahnung: „Macht dein Teekesselchen auch Kikeriki?" fragt sie Anna, und als die bejaht, weiß sie endgültig Bescheid: „Ihr habt einen Hahn." Jetzt ist sie dran und darf sich einen Partner wählen. Mit Volker verabredet sie „Maus", die lebendige und die vom Computer. Das ist schon schwieriger, und reihum müssen fast alle zweimal fragen, bevor Till die Lösung gefunden hat. Till einigt sich mit Aische auf „Pfeife" (die zum Rauchen und die zum Pfeifen). Und weiter geht's.

Pantomime
ab 10 Jahren

Teekesselchen eignet sich wie andere Ratespiele besonders gut für *Pantomimen*. So kann Aische so tun, als hielte sie etwas in der Hand und bliese Rauch in die Luft, während Till mit runden Backen in seine phantasierte Pfeife hineinpustet.
Beim *Beruferaten* müßt ihr typische Tätigkeiten des jeweiligen Berufs nachmachen. Ein bißchen schwieriger, aber auch möglich, ist die pantomimische Darstellung von Pflanzen, Bauwerken und Berufen. Versucht's mal mit dem Schiefen Turm von

Pisa, einer Trauerweide oder einer Ballerina! Pantomimen machen besonderen Spaß vor einem größeren Publikum, bei Kinderfesten oder abends im Gruppenraum bei einer Klassenfahrt.

Teekesselchen mit zusammengesetzten Wörtern
ab 10 Jahren
6 bis 12 Kinder

Teekesselchen kann man auch mit zusammengesetzten Wörtern spielen. Also, Sabine sagt: „Mein Teekesselchen ist naß", und Till: „. . . und von meinem Teekesselchen gibt es im Deutschen vier". Oder – wenn es eine Pantomime ist – planscht Anna in irgendwas herum, und Till plumpst hinein. Klarer Fall – Wasserfall! Überlegt euch mal schöne Beschreibungen oder Pantomimen für Blumen-topf, Wa(h)l-fisch, Kinder-zimmer oder Tee-kesselchen!

Wortketten
ab 8 Jahren
6 bis 20 Kinder

Mit zusammengesetzten Wörtern könnt ihr auch ein beliebtes Kreisspiel spielen. Fangt mit dem Kinder-zimmer an! Volker muß jetzt ein zusammengesetztes Wort mit ‚Zimmer' am Anfang sagen: „Zimmermädchen". Lisa: „Mädchenschule". Till: „Schuldirektor". (Bitte nicht ‚Schulzimmer', denn dann dreht sich alles nur im Kreis!), und so geht's weiter, möglichst schnell. Wem nichts einfällt, der muß raus oder ein Pfand abgeben oder beides.

Reise nach Alaska

ab 8 Jahren

4 bis 12 Kinder

„Ich fahre nach Alaska und nehme einen Tisch mit", fängt Sabine an, und Till ergänzt: „Und ich einen Frosch." Hans, der nicht eingeweiht ist, fragt: „Könnt ihr auch mich mitnehmen?" – „Ja." – Aische: „Auch einen Koffer?" – „Nein!" Otto: „Aber einen Stuhl!" – „Ja." Und so geht es weiter, bis Hans herausbekommen hat, daß Sabine und Till alles mitnehmen, was Beine hat – und nur das. Jetzt verabreden sich die nächsten beiden, vielleicht, daß sie nach Alaska nur Sachen mitnehmen, die mit A anfangen, also Aschenbecher, Apfelsinen, Affen usw., oder nur Sachen aus Papier . . . oder oder.

Man kann schöne Geschichten erzählen, warum man bestimmte Sachen mit nach Alaska nimmt: einen Tisch, weil man gerne picknicken möchte, einen Frosch, damit der das Wetter vorhersagt, das in Alaska bekanntlich so unsicher ist . . .

Geheimsprachen

Die Verabredung, die die beiden Alaskafahrer in dem Spiel auf der vorigen Seite treffen, ist so etwas wie ein *Geheimcode.* Ganz ähnlich ist es bei jeder Geheimsprache. Ihr verabredet mit euren Freundinnen und Freunden bestimmte Regeln, die nur ihr kennt, und schon verstehen die anderen von dem, was ihr sagt, nicht mehr, als wenn ihr Chinesisch sprechen würdet – es sei denn, sie kommen hinter eure Regel, oder wie es in der Geheimdienstsprache heißt: sie knacken euren Code.

„Duhudefu"-Sprache
„B"-Sprache
ab 6 Jahren

Am einfachsten ist es, an jede Silbe eines jeden Wortes etwas dranzuhängen. Zum Beispiel so: „Du-hudefu bist-istefist doof-oftefof!" – oder nach jedem Selbstlaut ein „B" einzufügen und danach den Selbstlaut zu wiederholen: „Dubu bibist dooboof!" Das geht ganz schnell zu sprechen, und doch ist es nur für Eingeweihte verständlich.

„Lew"-Sprache
ab 8 Jahren

Ziemlich gut geht auch die *„Lew"-Sprache.* Da muß man an jeden ersten Selbstlaut eines Wortes ein „lew" anschließen. Also: wi(lew)r si(lew)nd klu(lew)ge Ki(lew)nder. Das müßt ihr natürlich ein bißchen üben.

Falsche Betonungen
ab 10 Jahren

Fast wie eine Geheimsprache klingt es auch, wenn man Wörter falsch betont und dabei lange Selbstlaute kurz und kurze lang spricht. Aus: „Die Kuh rannte, bis sie fiel in die Vertiefung" wird dann ein höchst ausländisch klingender Satz, der sich anhört wie: „Die Kuránte Bíssifiel indie Vértiefung", und aus dem dramatischen Spruch „O Sterben, O Sterben, ohne Glauben Sterben, ist des Menschen Verderben" wird so etwas wie „Ósterbén, Ósterbén, Oneglaubénsterbén, ist des Menschen Vérderbén", was dann eher etwas mit Ostern und Vorderbeinen zu tun zu haben scheint.

Versucht einmal, einen Text mit völlig falschen Betonungen und Längen vorzulesen. Die andern müssen dann herausbekommen, wie das richtig heißt. Das klappt aber nur, wenn ihr vorher übt!

Zahlencodes
ab 10 Jahren

„9-3-8 12-9-5-2-5 4-9-3-8!" Gut für euch, wenn ihr den einfachen Code knackt, in dem für jeden Buchstaben die Zahl steht, die er in der Reihe des ABC hat. (Die Lösung heißt nämlich: „Ich liebe dich!")

Codierte Buchstaben
ab 10 Jahren

Derselbe schöne Satz heißt nach einem anderen Code so: „JDI MJFCF EJDI."

Hier ist jeder Buchstabe durch den im ABC folgenden ersetzt. Man kann den Code beliebig komplizierter machen: zum Beispiel im ABC immer 2, 3, 4 oder mehr Buchstaben vor- oder zurückrechnen oder allen Zahlen, die die Stellen der gewünschten Buchstaben im ABC angeben, 3, 5, 7 oder was auch immer zuzählen oder von ihnen abziehen, sie malnehmen oder teilen oder . . .

Ihr könnt euch auch gegenseitig in neu erfundenen Geheimsprachen schreiben und gucken, ob euer Briefpartner das Geheimnis entschlüsselt.

Briefe in Geheimschrift sind vor neugierigen Eltern- und Geschwisteraugen sicher, besonders, wenn sie mit *Geheimtinte* geschrieben sind. Mit Tintenkiller – dann muß man das Papier richtig gegen das Licht halten – oder mit Milch: wenn man mit dem Bügeleisen darübergeht, wird die Schrift lesbar. Auch mit Zitronensaft soll das gehen.

Gedächtnisspiele

Ihr ahnt gar nicht, wieviel ihr behalten könnt!

Ich pack in meinen Koffer
ab 8 Jahren
4 bis 12 Kinder

Alle sitzen im Kreis. Lisa fängt an: „Ich geh auf Reisen und pack in meinen Koffer – eine Zahnbürste." Till macht weiter: „Ich pack in meinen Koffer eine Zahnbürste und eine Unterhose." Anna: „Ich pack in meinen Koffer eine Zahnbürste, eine Unterhose und einen Wecker." Und so geht es weiter: Jeder muß ein Stück mehr in den Koffer legen, als schon drin war. Wer nicht mehr weiß, was sich schon alles im Koffer befindet, muß raus. Wenn keiner mehr weiß, was der Koffer alles enthält, ist das Spiel aus.

Gegenstände merken
ab 6 Jahren
2 bis 10 Kinder

Auf dem Tisch werden Gegenstände gesammelt, ein Kamm, ein Kaugummi, ein Stein, eine Schachtel Streichhölzer, ein Radiergummi, eine Münze, ein Bleistiftspitzer, ein Bindfaden, ein Stück Seife, ein Taschenmesser und so weiter. Dann wird alles weggeräumt, und nacheinander muß jeder einen Gegenstand nennen, der auf dem Tisch gelegen hat. Natürlich immer einen, den vor ihm noch keiner genannt hat. Mal sehen, ob ihr noch alle zusammenbekommt!

Vorher-nachher
ab 8 Jahren
2 bis 10 Kinder

Till muß sich alle Gegenstände, die auf dem Tisch liegen, genau angucken und merken. Dann wird er hinausgeschickt, und irgend etwas wird weggenommen, hinzugelegt oder woanders hingelegt. Wenn er wieder hereinkommt, muß er sagen, was sich verändert hat.

Sabine sieht sich genau im Zimmer um, bevor sie hinausgeschickt wird. Als sie wieder hereinkommt, steht die Blumenvase woanders, ist ein Bild abgehängt oder die Stehlampe an einen anderen Platz gewandert. Ob sie's merkt?

Fühlkino
ab 4 Jahren
2 bis 10 Kinder

Besonders gut kann man sich Gegenstände merken, die man vorher in einem *Fühlkino* erfühlt hat. Ein Fühlkino ist ein Karton mit zwei Löchern, durch die man die Arme stecken kann. Dahinter liegen unsichtbar alle möglichen Sachen, die ertastet und richtig benannt werden wollen.

Original und Fälschung
ab 10 Jahren
4 bis 12 Kinder

Otto wird in den Sessel gesetzt und muß dort sitzen bleiben, er stellt nämlich jetzt das Bild „Hoffnungsvoller Knabe" von Rembrandt dar. Sophie muß sich jetzt, bevor sie vor die Tür geschickt wird, dieses Originalbild genau ansehen, um einer schlimmen Kunstfälschung auf die Spur kommen zu können. Als sie wieder hereinkommt, hat Otto seine Brille nicht mehr auf der Nase, seine Jacke ist jetzt aufgeknöpft, seine Hand liegt nicht mehr auf der Armlehne, sondern auf seinem Bauch, und seine Augen sind geschlossen.
Wenn Sophie alle vier Veränderungen feststellt, ist sie eine hervorragende Kunstdetektivin. Eine kleine Vereinfachung ist es, wenn man ihr sagt, wieviele Einzelheiten auf der Fälschung anders sind.
Und ganz wichtig ist es, daß Otto wirklich still sitzt.

Arche Noah
ab 8 Jahren
4 bis 12 Kinder

Noah versucht sich zu erinnern, welche Tiere alle in seiner Arche sind. Alle sind der Reihe nach Noah, erinnern sich an die Tiere, die die anderen schon genannt haben, und nennen ein weiteres Tier.
An alle Tiere kann sich Noah bestimmt nicht mehr erinnern!

Schreibspiele

Stadt, Land, Fluß
ab 10 Jahren
2 bis 8 Kinder

Hans sagt für sich so leise, daß es niemand hören kann, das ABC auf. Irgendwann sagt Sabine „Stop!", und Hans sagt, bei welchem Buchstaben er angekommen war: „F!" Und schon schreiben alle auf ihren Zettel eine Stadt, ein Land, einen Fluß mit F, vielleicht noch ein Tier, eine Pflanze, eine berühmte Persönlichkeit.
Susanne ist als erste fertig, alle anderen müssen jetzt aufhören, und sie sagt, was sie aufgeschrieben hat: Flensburg, Frankreich, Fulda, Feldmaus, Fallobst, Fontane. Sie bekommt 100 Punkte: je 20 für Flensburg, die Fulda und die Feldmaus, nur 10 für Frankreich, weil Till und Hans auch Frankreich geschrieben haben und 30 für den Dichter Fontane, weil niemand anders eine Berühmtheit mit F so schnell gewußt hat. Für das Fallobst kriegt sie keinen Punkt, weil es nach Mehrheitsbeschluß als Pflanze nicht anerkannt wird. Jetzt sagt Susanne für sich das ABC, und Till, der neben ihr sitzt, sagt irgendwann „Stop!"
Stadt, Land, Fluß könnt ihr beliebig abwandeln. So könnt ihr Stadt, Land und Fluß noch um Berg und See ergänzen, ihr könnt bei Pflanzen und Tieren feinere Unterscheidungen machen und die berühmten Leute in Schriftsteller/innen, Komponisten/innen, Wissenschaftler/innen, Schauspieler/innen, Maler/innen und Politiker/innen aufteilen. Ihr könnt auch Berufe, Automarken, Speisen oder sonst etwas nehmen, vorausgesetzt, ihr seid alle einverstanden.

Ob jemand bei *Stadt, Land, Fluß* gut ist, ist nicht allein eine Sache des Wissens, sondern auch der Übung. Ein gut trainiertes Kind kann dabei locker einen Professor schlagen. Das heißt umgekehrt auch, daß jemand, der bei diesem Spiel nicht gut abschneidet, deshalb keineswegs blöde zu sein braucht. Überhaupt kommt es nicht allein aufs Gewinnen an.

Gefüllte Kalbsbrust

ab 10 Jahren
2 bis 8 Kinder

Weil *Stadt, Land, Fluß*, soviel Spaß es auch machen kann, leicht in Besserwisserei und Streit ausartet, solltet ihr es nicht zu lange hintereinander spielen. Probiert lieber mal ein anderes Spiel, zum Beispiel: *Gefüllte Kalbsbrust.*
Hans sagt irgendein Wort, beispielsweise „Licht“. Ganz schnell schreibt jeder auf seinen Zettel dieses Wort nebeneinander senkrecht, einmal vorwärts, einmal rückwärts. Also:

Das ist die Kalbsbrust.
Und jetzt geht's an die Füllung:
Wörter, die mit den linken Buchstaben beginnen und mit den rechten aufhören.

Das erste Wort ist immer ganz einfach, aber danach muß man nachdenken.
Till hat geschrieben:

Weil er als erster fertig ist – ihm ist nämlich als einzigem „Till“ eingefallen –, bekommt er die meisten Punkte. 20 für jedes Wort, das er allein hat, und 10 für jedes, das auch jemand anders hat.

Genug der Intelligenzspiele – jetzt geht es einfach nur um Spaß!

Dichten
ab 10 Jahren
4 bis 12 Kinder

Till fängt an: „Es war einmal ein Mann . . .", Hans schreibt in die nächste Zeile: „der irgendwann . . .", und knickt die erste Zeile weg. Regina dichtet weiter: „. . . nach Hause kam." Dann knickt sie die zweite Zeile weg. Sabine reimt: „Und war schon lahm . . ." und so geht es weiter, bis der Zettel voll ist und der Mann im Gedicht genug erlebt hat.

Figuren zeichnen
ab 10 Jahren
4 bis 12 Kinder

Nach demselben Prinzip kann man auch Figuren zeichnen. Antonio malt den Kopf und knickt ihn weg (aber so, daß Sabine hinter dem Knick noch sieht, wo der Hals anfängt). Sabine zeichnet nun den Rumpf bis zur Gürtellinie mit den Armen. Hans die Körpermitte bis zum Anfang der Beine, Otto weiter bis zu den Knien und Regina den Rest bis zu den Füßen. Wenn dann das Papier auseinandergefaltet wird, kommen hochinteressante Gemälde zum Vorschein.

Onkel Paul sitzt in der Badewanne
ab 10 Jahren
5 bis 10 Kinder

Alle schreiben oben auf ihr Blatt Papier den Mustersatz: „Onkel Paul / sitzt in der Badewanne / und kratzt sich / behaglich / den Rücken." (Ihr könnt euch natürlich auch auf andere Mustersätze einigen.) Sabine schreibt unter „Onkel Paul" „Hans" und gibt ihren Zettel nach rechts weiter an Till, nachdem sie ihn (den Zettel) so geknickt hat, daß der das Wort „Hans" nicht lesen kann. Während Sabine von Susanne, die links neben ihr sitzt, den nächsten Zettel bekommt, schreibt Till auf Sabines Zettel „. . . steht im Dunkeln", knickt ihn wieder und gibt ihn an Hans weiter. Der setzt die Geschichte fort „und raucht . . .", knick, weiter an Antonio. Der schreibt: „irrsinnig . . .", weiter an Regina, die die Geschichte vollendet: „. . . die Zeitung."
Wenn alle Zettel einmal herum sind und jede Geschichte abgeschlossen ist, wird vorgelesen. Regina liest: „Hans / steht im Dunkeln / und raucht / irrsinnig / die Zeitung." Antonios Geschichte heißt vielleicht: „Bundeskanzler Kohl / saß auf dem Klo / und aß / heimlich einen Kaktus." Es kommen also ziemlich witzige Geschichten dabei heraus.

REISE NACH JERUSALEM

Kinderpartyspiele

Eine Kinderparty ist etwas ganz Besonderes und kommt leider nicht alle Tage vor. Aber das hat auch sein Gutes, denn ihr könnt euch schon tagelang vorher darauf vorbereiten. Eine gelungene Kinderparty braucht eine gute Organisation. Da trifft es sich gut, daß Kinderpartys meistens an Kindergeburtstagen stattfinden. Zu solchen Anlässen fühlen sich Eltern nämlich meistens verpflichtet, sich (noch) ein bißchen mehr Mühe um ihre Kinder zu geben als sonst. Schließlich sind sie stolz auf ihr Geburtstagskind und hören gerne, wenn man in Kinderkreisen noch lange von „ihrer" Party spricht.
An Kakao, Limo, Cola, Schokoküsse und so etwas denken Eltern meistens von alleine. Ihr müßt euch aber mit ihnen zusammen überlegen, was ihr sonst noch braucht: Malpapier, Stifte und Farben, Kartons und so weiter. Das will vorher alles besorgt sein.

Klassische Partyspiele

Topfschlagen
ab 4 Jahren
4 bis 12 Kinder

Topfschlagen gehört zu einem Kindergeburtstag wie das Kalte Büfett zu einem Empfang beim Bundespräsidenten. Greta, das Geburtstagskind, ist zuerst dran und bekommt die Augen verbunden. Wie bei *Blinde Kuh* (siehe Seite 18) wird sichergestellt, daß sie wirklich nichts sieht und nicht mehr weiß, wo sie ist. Irgendwo auf dem Boden wird nun der Topf mit der Öffnung nach unten aufgestellt. Unter dem Topf liegt etwas Süßes oder irgendein kleines Spielzeug. Greta bekommt einen Kochlöffel in die Hand, läßt sich auf alle viere nieder und beginnt den Topf zu suchen. Die anderen dürfen ihr helfen und „eiskalt . . . kalt . . . lauwarm . . . warm . . . wärmer . . . heiß!“ rufen, je nachdem, wie weit sie noch von dem Topf weg ist. Dabei müssen sie aufpassen, daß Greta ihnen nicht mit dem Kochlöffel auf die Füße haut. Wenn Greta den Topf gefunden hat, schlägt sie kräftig mit dem Löffel darauf, nimmt das Tuch von den Augen und guckt unter den Topf. Und was sie da findet, darf sie behalten.

Wichtig ist, daß alle einmal drankommen, damit auch jedes Kind etwas kriegt.

Füttern mit verbundenen Augen
ab 6 Jahren

Der Kuchen oder der Kartoffelsalat, den es bei der Kinderparty gibt, schmeckt vielleicht noch besser, wenn ihr ihn nicht selber in den Mund stecken müßt. Laßt euch füttern! Luca bekommt die Augen verbunden und soll Sarah füttern. Ob er mit dem Löffel ihren Mund findet? Man kann auch Luca und Jule die Sarah und den Jan um die Wette füttern lassen. Achtung! Es kann natürlich was daneben gehen!

Schokoladenessen
ab 6 Jahren
2 bis 8 Kinder

Noch schwieriger als beim blinden Füttern ist es beim Schokoladenessen, an die begehrte Süßigkeit heranzukommen. Eine Tafel Schokolade wird mit mehreren Schichten Papier sorgfältig verpackt und mit Bindfaden verschnürt. Eine Mütze, ein Schal und ein Paar Handschuhe sowie Messer und Gabel werden bereitgelegt. Dann wird gewürfelt. Lisa hat zuerst eine Sechs und muß so schnell wie möglich Mütze, Schal und Handschuhe

anziehen und mit Messer und Gabel an die Schokolade heranzukommen versuchen. Kaum hat sie angefangen, mit dem Messer herumzusäbeln, hat Volker schon eine Sechs. Ruckzuck hat er Mütze, Schal und Handschuhe an . . . Das geht so lange, bis Otto an die Schokolade herangekommen ist und sie mit der Gabel ißt. Aber nach dem ersten Bissen ist schon jemand anderes dran . . .
Paßt auf, daß ihr in der Eile nicht so viel Stanniolpapier miteßt!

Mehlessen
ab 6 Jahren
2 bis 8 Kinder

Ziemlich stauben kann es beim *Mehlessen.* Breitet also besser ein Bettlaken auf dem Boden aus, bevor ihr damit beginnt. Auf einem großen Teller wird ein Kilo Mehl zu einem Berg geformt. Auf die Spitze kommt ein Bonbon oder irgendeine kleine Süßigkeit. Nun nimmt jedes Kind reihum mit einem Löffel ein Stückchen des Mehlberges weg, bis, ja, bis das Bonbon sich nicht länger auf der Mehlbergspitze halten kann. Sarah, die gerade an der Reihe war, versucht nun, ohne dabei die Hände zu benutzen, das Bonbon mit dem Mund aus dem Mehl zu fischen. Hoffentlich kommt sie dabei nicht allzusehr ins Lachen und Prusten!

Hypnotisieren
ab 8 Jahren

Ali kommt mit zwei Tellern. Den einen gibt er Sophie in die Hand und sagt, daß er sie jetzt hypnotisieren will. Er schaut Sophie fest in die Augen und erklärt ihr, daß sie alle seine Bewegungen nachmachen muß. Dann bewegt er, ganz konzentriert und langsam, seine Finger auf dem Tellerrand entlang, dann in der Mitte des Tellers, dann auf der Unterseite; schließlich fährt er mit denselben Fingern ein paarmal gedankenverloren über seine Stirn, seine Nase und seine Backen. Dabei verliert er Sophie nicht aus den Augen und paßt auf, daß sie alles richtig nachmacht. Auf einmal lachen alle – denn Sophie ist ganz schwarz im Gesicht. Die Unterseite des Tellers, den Ali ihr gegeben hatte, war nämlich voller Ruß von einer Kerze, und den hat sich die arme Hypnotisierte nun ins Gesicht geschmiert. Wetten, daß Sophie den Spaß das nächste Mal bei jemand anderem ausprobiert? Achtung! Ihr dürft kein Kind hypnotisieren, daß zu klein oder zu empfindlich ist, sonst gibt es statt Gelächter Tränen.

Partyspiele für größere Gruppen

Tanz der Vampire
ab 8 Jahren
6 bis 20 Kinder

Wenn die Kinder auf einer Party anfangen, zuviel Verschiedenes durcheinander zu tun, ist der Zeitpunkt für ein richtig aufregendes Spiel gekommen.

Ein solches Spiel ist *Tanz der Vampire*. Dafür sollte es draußen schon dunkel sein, denn Vampire werden erst im Dunkeln munter. Zuerst wird der Vampir so ausgelost (siehe Seite 24), daß niemand als er selbst weiß, wer er ist. Susanne hat das Licht ausgeknipst, und alle bewegen sich tastend im Zimmer herum. Plötzlich ein Aufschrei: Susanne hat sich Antonio gegriffen und ihn nach Vampirart dorthin gebissen, wo die Halsschlagader ist. Jetzt ist auch Antonio Vampir, muß andere beißen und dadurch ebenfalls zu Vampiren machen. Nur wenn zwei Vampire aufeinanderstoßen, erlösen sie sich durch ihren Biß gegenseitig und brauchen nicht mehr ruhelos nach frischem Menschenblut zu suchen. Das Spiel geht so lange, bis entweder alle Vampire oder alle erlöst sind.

Man kann *Tanz der Vampire* auch im Hellen spielen, dann müssen nur alle die Augen verbunden bekommen.

Mörderspiel
ab 12 Jahren
6 bis 12 Kinder

Draußen ist es dunkel, unheimlich hallen Schritte auf dem regennassen Pflaster, und Nebel wabert durch die Straßen. Jetzt gehen die Mörder um, verfolgt von klugen Detektiven, die ihnen das blutige Handwerk zu legen versuchen . . .
Ein Detektiv wird bestimmt und aus dem Zimmer geschickt. Der Mörder wird so ausgelost (siehe Seite 23 und 24), daß nur er selbst weiß, wer er ist. Das Licht geht aus, und alle bewegen sich vorsichtig im Zimmer umher. Da, ein schriller Schrei, ein dumpfer Fall! Hans, der Mörder, ist Susanne an die Gurgel gegangen. Von dem Moment an, wo das Opfer schreit, müssen alle stehen bleiben und in der Stellung verharren, die sie gerade eingenommen haben. Regina, die Detektivin, hat den Schrei ebenfalls gehört. Sie kommt herein, macht das Licht an und schaut sich den Schlamassel an, denn sie muß den Mörder herausfinden. Manchmal helfen ihr Indizien beim Kombinieren (vielleicht hat der Mörder etwas beim Opfer verloren?), manchmal muß unser Sherlock Holmes überlegen, wer es nicht gewesen sein kann (weil zu weit weg oder mit etwas / jemand anderem beschäftigt). Manchmal genügt ein Blick in die Gesichter (guckt Hans nicht eine Spur zu unschuldig drein?) Notfalls muß die Detektivin ein Verhör anstellen! Nur für Kinder mit starken Nerven.

Mörderspiel mit Blinzeln
ab 8 Jahren
6 bis 12 Kinder

Das *Blinzel-Mörderspiel* kann man nur im Hellen spielen. Der Mörder blinzelt seinem Opfer zu (kneift ein Auge zu), und zwar möglichst so, daß nur dieses es mitbekommt. Zwei Sekunden später (zählt: „einundzwanzig, einundzwanzig!") bricht das Opfer röchelnd zusammen. Wer meint, daß er weiß, wer der Mörder ist, spricht seinen Verdacht aus. Hat er jemand zu Unrecht verdächtigt, muß er wegen übler Nachrede ins Gefängnis (raus). Ein guter, unauffällig arbeitender Mörder kann viele Opfer um die Ecke bringen. Aber irgendwann wird auch er erwischt. Dann kann ein neuer Mörder sein zweifelhaftes Glück versuchen.

Reise nach Jerusalem
ab 6 Jahren
6 bis 20 Kinder

Wenn die Stimmung vom vielen Vampir- und Mörderspielen ein wenig beklommen geworden ist, solltet ihr etwas richtig Lustiges spielen, wie die *Reise nach Jerusalem.*

Dafür braucht ihr jede Menge Stühle (Sessel, Hocker und so weiter), und zwar eine Sitzgelegenheit weniger, als Mitspieler da sind. Die Stühle werden Lehne an Lehne in eine Doppelreihe gestellt. Sabine kann nicht mitmachen, denn sie hat sich letzte Woche in der Turnstunde den Fuß verstaucht. Sie bedient den Kassettenrecorder. Wenn die Musik losspielt, laufen alle um die Stuhlreihe herum. Das geht ein Weilchen, doch plötzlich setzt die Musik aus. Jetzt müssen alle sich schnell ein Plätzchen suchen. Till hat Pech, für ihn ist kein Stuhl mehr da. Es nützt auch nichts, daß er sich noch mit auf Annas Stuhl zu setzen versucht. Er muß raus. Jetzt wird ein Stuhl weggenommen, und das Spiel geht weiter. Und wieder findet jemand keinen Platz mehr. So geht's weiter, bis nur noch zwei um einen Stuhl herumlaufen. Wer sich zuerst darauf setzen kann (aber bitte nicht, bevor die Musik aussetzt) hat gewonnen.

Reise nach Jerusalem mit Schoßsitzen
ab 8 Jahren
8 bis 20 Kinder
(gerade Zahl)

Wenn ihr die *Reise nach Jerusalem mit Schoßsitzen* spielt, braucht ihr einen Stuhl weniger als mögliche Paare da sind. Wenn die Musik aufhört, suchen sich alle einen Stuhl oder einen Schoß aus. Nach Adam Riese fliegen bei jedem Rundlauf zwei Kinder raus. Achtung! Auf einem Schoß ist immer nur Platz für eine Person!

Tanzspiele

Herzspiel
ab 8 Jahren
6 bis 12 Kinder

Wie eine Reise nach Jerusalem mit Tanz zur Musik – und mit Herz – ist das uralte *Herzspiel*. Dabei müssen an die Zimmerwände (oder an die Schränke, aber bitte keine Reißzwecken benutzen!) Zettel mit Herzen darauf angebracht werden (früher hat man die Herzen einfach mit Kreide oder Kohle an die Wände gemalt.) Es gibt einen Zettel weniger als Mitspieler. Solange die Musik spielt, tanzen alle in der Zimmermitte im Kreis. Wenn die Musik aufhört, versucht jeder, ein Herz zu erreichen. Eine(r) wird keines finden und ist raus. Jetzt wird ein Herz abgenommen, und das Spiel geht weiter . . .
Übrigens: wer Herz hat, wird nicht mit Gewalt versuchen, jemand anderes von einem Herzen abzudrängen.
So, die Musik spielt, der Rhythmus geht in die Beine. Was ihr jetzt noch braucht, ist eine Tanzpartnerin oder ein Tanzpartner.

Blindekuh-Tanz
ab 10 Jahren
6 bis 20 Kinder

Zum Tanzpartner-Kennenlernen empfiehlt sich wieder ein blindes Spiel. Beim *Blindekuh-Tanz* haben alle die Augen verbunden und tanzen durcheinander. Dann schnappen sich alle ihre Partnerin oder ihren Partner. Anna möchte gerne noch mal wechseln, weil sie jemand bestimmtes im Kopf hat, mit dem sie tanzen möchte. Antonio geht es genauso. Sie stellen sich neben ein anderes Paar und *klatschen ab*, das heißt, sie stellen sich neben ein anderes Paar und klatschen in die Hände; daraufhin müssen die beiden anderen auseinandergehen, und Anna und Antonio können erneut ihr Glück versuchen. Ob sie diesmal ihren Traum-Tanzpartner gefunden haben?
Nachdem sich die Paare ein paarmal neu formiert haben, hört die Musik auf. Nun müssen alle raten, wer ihr Gegenüber ist. Danach dürfen sie ihre Augenbinden abnehmen und gucken, ob sie richtig geraten (oder vorher richtig gewählt) haben.

Orangentanz
ab 8 Jahren
4 bis 12 Kinder

Jetzt bekommt von jedem Paar eine(r) eine Orange (kann aber auch eine Pampelmuse, eine Zitrone, ein Apfel oder ein Ball sein). Aische klemmt sich die Apfelsine zwischen Schulter und Backe und versucht sie, wobei sie sich immer im Tanzrhythmus bewegt, an Paul weiterzugeben, der sie ebenfalls zwischen Schulter und Backe klemmen muß. Wenn Paul die – unausweichliche – Berührung mit Aische nicht so nervös macht, daß er die Orange fallen läßt, kann er sie jetzt auf die gleiche Weise weitergeben. Wenn er sie fallen läßt, ist er draußen. Nach einer Weile tanzen nur noch die Paare miteinander, die sich so gut verstehen, daß sie die Orange nicht fallen lassen.

Streichholzschachtel-Nasen-Tanz
ab 8 Jahren
6 bis 12 Kinder

An Stelle der Orange könnt ihr auch *Streichholzschachtelhüllen* nehmen. Susanne hat eine auf der Nase stecken und gibt sie an Tills Nase weiter. Till sucht sich nun eine andere Partnerin mit freier Nase.

Zeitungstanz
ab 8 Jahren
6 bis 12 Kinder

Wenn ihr findet, daß ihr euch durch *Orangen-* und *Streichholzschachtel-Nasen-Tanz* noch nicht nahe genug gekommen seid, könnt ihr einen *Zeitungstanz* veranstalten.
Alle Paare werden auf je eine Zeitungsdoppelseite gestellt. Über

diese Fläche dürfen sie nicht hinaustanzen, sonst sind sie „raus". Wer keinen Partner gefunden hat oder schon „draußen" ist, fängt nun an, den anderen Stücke ihrer Zeitung wegzureißen, so daß die Tanzfläche immer kleiner wird. Wahrscheinlich ist es das am engsten verschlungene Paar, das am Ende mit der kleinsten Tanzfläche auskommt.

Ballontanz
ab 8 Jahren
6 bis 12 Kinder

Wenn ihr von der Schmuserei genug habt, könnt ihr einen Tanz mit richtig viel Radau veranstalten: Alle bekommen einen Luftballon ans Bein gebunden, und nun geht es darum, den Luftballon der Partnerin oder des Partners kaputtzutreten. Natürlich passen alle auf ihren eigenen Luftballon auf, so daß es sich empfiehlt, ganz ruhig zu tanzen, um dann plötzlich und unerwartet zuzutreten. Wenn die Partnerin oder der Partner keinen Luftballon mehr hat, sucht man sich eine(n) neue(n). Wer zuletzt noch mit einem Luftballon am Bein herumläuft, hat gewonnen.
Wenn ihr keine Lust habt, schon wieder ein Turnier auszutragen und Sieger festzustellen, könnt ihr natürlich auch alle durcheinander tanzen und euch gegenseitig die Ballons kaputtmachen. Das geht erfahrungsgemäß ziemlich schnell.
Achtung: Nicht jedes Kind mag so eine Knallerei. Diejenigen, die mit solchen rauhbautzigen Späßen nichts am Hut haben, sollten sich in einem anderen Zimmer beschäftigen können.

Ballons aufblasen
ab 10 Jahren

Wenn euch die Ballonknallerei so großen Spaß gemacht hat, daß euch auch die Lust am Tanzen vergangen ist, und noch unaufgeblasene Luftballons da sind, könnt ihr noch eins draufsetzen: Alle kriegen einen Luftballon und versuchen bei „los“, ihn so schnell wie möglich bis zum Platzen aufzublasen. Aber bitte: Rücksicht nehmen auf sensible Mitkinder und Erwachsene.

Kunstwerke

Kunst macht dann am meisten Spaß, wenn man sie selber macht – und nicht den Profi-Künstlern überläßt. Und wenn man sie zu mehreren zusammen macht, kommt oft am meisten dabei heraus. Außerdem ist bei einer Party meist ein kunstverständiges Publikum zur Stelle.

Mumien
ab 8 Jahren
6 bis 12 Kinder

Die moderne Kunst hat herausgekriegt, daß man Dinge und Menschen durch ungewohnte Verpackung zu Kunstwerken machen kann. Verpackte Menschen aber heißen seit alters her *Mumien*. Um jemand zur Mumie zu machen, braucht ihr nur jede Menge Klopapier, mit dem ihr alle Körperteile umwickelt. Daraus kann man auch einen Wettbewerb machen: Anna und Ali sollen zu Mumien verpackt werden, Sophie und Otto, Volker und Sabine wickeln sie um die Wette ein. Das Team, das seine Mumie zuerst so fertig hat, daß nichts mehr von Anna oder Ali zu sehen ist, hat gewonnen.

Umrisse malen
ab 8 Jahren

Wenn ihr genug Papier (zum Beispiel Tapetenrollen) habt, könnt ihr euch nacheinander drauflegen, und jeweils ein anderes Kind malt mit Wachsstiften oder dicken Filzern eure Umrisse ab. Danach kann jedes Kind seinen Partner noch in den nun feststehenden Umriß hineinmalen: Also das Gesicht, die Hände und was er gerade anhat. Wer beim Malen nicht dabei war, muß anschließend raten, wessen Umrisse oder Ganzkörperporträts da festgehalten sind.

Lebende Bilder
ab 10 Jahren
6 bis 20 Kinder

Früher, als es noch kein Fernsehen gab, haben vor allem Erwachsene gern „lebende Bilder" dargestellt. Das waren ganze erstarrte Theaterszenen, wie die Standfotos in den Kinoschaukästen. Ihr müßt euch also eine Szene vorstellen wie „Der Sheriff von Nottingham verhaftet Robin Hood und seine Bande" oder „Kolumbus betritt Amerika und wird von den Indianern begrüßt". Oder ihr sucht euch ein berühmtes Gemälde aus, das ihr nachstellen wollt. Dann müßt ihr euch möglichst passend ausstaffieren und die entsprechenden Requisiten herbeischaffen (Besenstiele und Kleiderbügel als Waffen, die Zimmerpalme als Hintergrund oder den geblümten Teppich als Wiesenboden).

Vielleicht ist Susanne die Regisseurin und dirigiert euch solange hin und her, bis alles stimmt. Und Ali ist der Beleuchter, der im richtigen Moment die Stehlampe auf euch richtet. Ein gelungenes lebendes Bild sollte fotografiert werden. Möglicherweise ist sogar eine Polaroid-Kamera da.

Modenschau
(Schönheitswettbewerb)
ab 4 Jahren
2 bis 20 Kinder

Eine von den Erwachsenen häufig unterschätzte Kunst ist die Mode und die gekonnte Vorführung dieser Kunst. Kinder sind auf diesem Gebiet jedoch besonders „kreativ". Was sie brauchen, ist eine Kiste mit alten Kleidern und dem, was drum herum anfällt: Hüte, Stöckelschuhe, Schlipse, abgelegter Modeschmuck. (Achtung Erwachsene: Besonders schöne Sachen nicht gleich in die Altkleidersammlung geben, sondern erst mal in besagte Kiste stecken!)
Bei einer *Modenschau* oder einem Schönheitswettbewerb gibt es eine Jury aus drei oder fünf Kindern. Wenn nun die mit den Sachen aus der Kleiderkiste schöngemachten Kinder (vielleicht dürfen sie sich ja auch *schminken*) an der Jury vorübertänzeln, gibt jedes Jurymitglied Noten (am besten wie Schulnoten von eins bis sechs). Die Noten der Jurymitglieder werden zusammengezählt und ergeben die Punktzahl, die das jeweilige Model erreicht hat.

Denkmal
ab 10 Jahren
4 bis 12 Kinder

Otto hat sich bei der Modenschau hervorgetan, weil er aussieht wie der kühnste Feldherr aus dem vorigen Jahrhundert. Grund genug, ein *Denkmal* aus ihm zu machen: Er muß sich auf einen Stuhl stellen und genau die Position einnehmen, zu der die anderen ihn hinbiegen. Am besten macht er dabei die Augen zu. Größere Denkmäler bestehen aus ganzen Figuren-Gruppen. So kann Anna neben den Otto-Feldherrn so gestellt werden, daß sie zusammen mit ihm die herzzerreißende Gruppe „Abschied des Kriegers" ergibt.

Kindertheater

Theater machen, sogar Kino und Fernsehen – ihr werdet sehen, das ist ein Kinderspiel!

Ein kleiner Matrose
ab 8 Jahren
8 bis 20 Kinder

Am besten fangen wir mit Musik an, denn dabei läßt sich am leichtesten Theater spielen. Ein kleines Lied könnt ihr bald auswendig. Es wird auf die Melodie von „Der Mai ist gekommen" gesungen und geht so:

Alle stehen in einer Reihe oder im Kreis. Lisa ist die erste in der Reihe und muß bei der ersten Zeile eine passende Geste machen, also zeigt sie, wie klein der Matrose ist, vielleicht kann sie noch die Matrosenmütze mit den lustigen Bändern daran andeuten. Der nächste, der spielen muß, ist Antonio. Dann ist Volker dran und muß die Liebe darstellen (was gar nicht schwer ist). Und so weiter. Wer seinen Spieleinsatz vergißt, muß ein Pfand abgeben oder wird durch jemand anderen ersetzt.

Kinderrevue
ab 10 Jahren
8 bis 20 Kinder

Wenn ihr den „kleinen Matrosen" schon ein paarmal gespielt habt, könnt ihr auch eine *Revue* daraus machen. So nennt man ein Musiktheater, bei dem alle dieselben Bewegungen vollführen. Jetzt müssen also alle bei einer Liedzeile dieselben Gesten machen. Nach ein paar mal Üben sieht das sehr gut aus!
Wenn ihr den „kleinen Matrosen" leid seid, könnt ihr natürlich auch ein anderes Lied für dasselbe Spiel nehmen.

Pantomime, Rollenspiele
ab 10 Jahren

Beim „kleinen Matrosen" spielt ihr mit Gesten (und mit eurem Gesichtsausdruck) etwas, was ihr gar nicht sagt. Nur das Lied deutet noch an, worum es geht. Wenn das auch wegfällt, habt ihr ein Spiel ohne Worte oder eine *Pantomime.* (Von Pantomimen als Ratespiel war bereits früher die Rede, siehe Seite 42).
Wichtig ist, daß Pantomimen Situationen darstellen, die jeder kennt. Nur dann gibt es auch etwas zu lachen, wenn alle sehen:

genau so ist es! Beliebte Szenen sind deshalb: Zahnarzt und Patient, Lehrer und Schüler, Familienkrach, Herr Meier will von seinem Chef eine Gehaltserhöhung haben, Familie Müller gerät in eine Grenzkontrolle und muß befürchten, daß der Zöllner die Flasche Schnaps im Pampers-Paket entdeckt . . .
Natürlich könnt ihr solche Szenen auch mit Worten spielen. Was nicht unbedingt einfacher ist! So etwas heißt dann *Rollenspiel.*

Synchronisieren
ab 10 Jahren
5 bis 10 Kinder

Wenn ein ausländischer Film einen deutschen Text bekommen soll, müssen die deutschen Sprecher genau passend zu den Spielszenen ihre Texte aus dem Drehbuch lesen. Ihr braucht also einen Text, in dem mehrere Leute sprechen (zum Beispiel ein Theaterstück). Die Sprecher sitzen da und gucken ins Drehbuch, und vor ihnen stehen die Schauspieler bereit, um bei ihrem Einsatz stumm den Film zu den vorgelesenen Rollen ablaufen zu lassen. Susanne ist Regisseurin und paßt auf, daß Sprechen und Spielen gleichzeitig (oder „synchron", daher „synchronisieren") passieren. Sie gibt den Einsatz: „Licht an, Ton ab, Kamera läuft, Klappe, die Eins!" Beim letzten Wort klatscht sie in die Hände. Wenn die Szene nicht klappt, muß wiederholt werden, bis alles sitzt.

Playback (Karaoke)
ab 10 Jahren
4 bis 12 Kinder

Auch Playback-Sänger brauchen nicht selbst zu sprechen oder zu singen, sondern tun nur so als ob. Diesmal kommt der Ton aus dem Lautsprecher: Ottos Lieblingssänger ist Elvis, und wenn er seine Lieblingsplatte auflegt, weiß er genau, wie er sich dann bewegen und wie er seine Gitarre (einen Besen!) halten muß. Im Hintergrund spielt die ganze Rockgruppe mit.

Kinderfernsehen
ab 8 Jahren
4 bis 10 Kinder

Mit einem Pappkarton, aus dem der Bildschirm ausgeschnitten ist, könnt ihr für das auf dem Sofa versammelte Publikum das Fernsehen nachmachen. Das, was ihr am besten kennt, Werbung, Tagesschau, irgendwelche Serien. Spannend wird es mit *Fernbedienung*. Immer, wenn Otto mit seiner Fernbedienung ein anderes Programm wählt, taucht jemand anderes mit einer neuen Darbietung auf dem Bildschirm auf, und zwar ruck-zuck. Ohne Vorwarnung kann Otto auch den Ton ab- oder wieder einschalten.

Kasperltheater

Ein bißchen altmodisch, aber gar nicht viel anders als Kinderfernsehen ist *Kasperltheater*. Am besten ist es hier, wenn große Kinder den kleineren etwas vorspielen. Die gehen nämlich noch richtig mit! Der einzige Unterschied ist, daß hier mit Puppen gespielt wird. Wenn ihr kein Stück mit Kasper, Hexe, Räuber und Polizist kennt oder euch schnell genug ausdenken könnt, gibt es hier auch die Möglichkeit, ein Märchen zu spielen. (Wie „Rotkäppchen und der böse Wolf" geht, wißt ihr doch noch?)

Übrigens braucht ihr gar kein richtiges Kasperltheater für ein Puppenspiel. Ein Bettuch, über den Türrahmen gespannt, reicht, um die Puppenspieler zu verdecken, und als Puppen tun es auch über den Zeigefinger verknotete (der Knoten ist der Kopf) Taschen- oder Küchentücher. Oder „normale" Puppen und Plüschtiere. Zur Not kann auch der Handfeger den bösen Wolf darstellen.

Sabine hat Geburtstag und deshalb Lust, auch einmal im Mittelpunkt der allgemeinen Bewunderung zu stehen. Deshalb hat sie sich schon vorher ein paar Kunststücke ausgedacht.

Durch eine Postkarte kriechen

ab 8 Jahren

Sie sagt: „Wetten, daß ich durch eine Postkarte kriechen kann?" – Natürlich glaubt das keiner, aber Sabine tritt den Beweis an. Sie nimmt eine Postkarte und schneidet sie – schnipp-schnapp! – immer abwechselnd an den beiden langen Rändern ein, nämlich so:

Dann zieht sie die Postkarte zu einem langen Streifen auseinander, bittet jemanden, die Enden zusammenzuhalten und – kriecht durch!

Der Flaschentrick

ab 10 Jahren

Als die anderen meinen: „Ach so, so kann ich das auch!" sagt Sabine: „Jetzt will ich aber richtig zaubern!"

Sie nimmt eine Flasche, legt auf den Flaschenhals einen dünnen Papierstreifen und darauf ein ganzes Häufchen Münzen. „Wetten, daß ich den Papierstreifen unter den Münzen wegnehmen kann, ohne daß ein Geldstück runterfällt?" – Glaubt natürlich niemand. Aber Sabine befeuchtet den Zeigefinger der rechten Hand mit Spucke, und durch einen schnellen, konzentrierten

Schlag mit dem Finger gegen das eine Ende des Papierstreifens läßt sie diesen elegant unter dem Geld verschwinden. Großmütig, wie sie heute ist, zeigt sie den anderen, wie's geht: Es kommt einfach nur auf die Geschwindigkeit des Wegziehens an, denn das Geld neigt von Natur aus eigentlich dazu, an seinem Platz zu bleiben. Das ist ein physikalisches Gesetz und heißt das Gesetz von der Trägheit der Masse. Nach demselben Prinzip schaffen es geübte Hexen und Zauberer, ein ganzes (glattes) Tischtuch mit einem Ruck unter dem Kaffeegeschirr wegzuziehen. (Aber bitte nicht mit dem guten Sonntagsservice üben!)

Denk dir eine Zahl
(Das Nullsummenspiel)
ab 8 Jahren

Weil er das Gefühl hat, daß Sabine ihr Pulver verschossen hat, meldet sich Antonio damit, daß er jede Zahl, die jemand gedacht hat, raten kann, und führt das gleich an Susanne vor, die als gute Kopfrechnerin bekannt ist. „Hast du dir eine Zahl gedacht, Susanne?" – „Ja." – „Gut, dann zähl 5 dazu, zieh 1 ab, und noch einmal 4, zähle 100 dazu, ziehe 2 mal fünfzig ab, und – hokuspokus – du hast deine Zahl!" – „Tatsächlich", muß Susanne zugeben, „das ist sie!" Antonio kann jetzt nur hoffen, daß sie in ihrer Verblüffung nicht daran denkt, zu fragen, wie ihre Zahl eigentlich hieß – das weiß er nämlich nicht. Er weiß nur, daß das Endergebnis seiner Kettenaufgabe null war und daß für Susanne deshalb ihre Zahl am Ende übrigbleiben mußte, plus-minus null.

Während Till, der glaubt, diesen Trick durchschaut zu haben, jetzt Antonio eine besonders komplizierte Aufgabe stellt, merkt niemand, wie Hans mit Regina tuschelt.

Gedankenlesen
ab 10 Jahren

Hans kennt nämlich besonders eindrucksvolle Zaubernummern, für die er allerdings eine Komplizin braucht. Er kann, behauptet er, jeden Satz telepathisch erfassen, den die anderen auf einen Zettel schreiben, und den sie dann in einen Briefumschlag stecken. Alle schreiben fleißig und kleben ihre Umschläge sorgfältig zu, während Hans vor der Tür auf und ab geht. Als er hereingerufen wird, betrachtet er ganz sorgfältig die Briefe, tut wahnsinnig konzentriert, hält eine Hand vor die Stirn, die bereits vor Denkanstrengung schwitzt, und sucht unter dem Stapel den Brief von Regina hervor, der rechts oben ein kleines Eselsohr aufweist. Stockend bringt er dann den Satz hervor, den er vorher mit Regina abgemacht hat: „Der Sinn des Lebens ist völlig vergebens." Susanne darf nun vortreten und den Brief öffnen. Tatsächlich, genauso steht's drin!

Bevor nun die verblüfften Zuschauer fordern, daß Hans den nächsten Brief öffnet – dann flöge der Trick ja auf –, versichert der, daß seine magischen Fähigkeiten noch weiter gehen. Er braucht ein Kartenspiel, das gut durchgemischt ist.

Magische Spielkarten
ab 10 Jahren

Neun Spielkarten sollen in drei Reihen zugedeckt auf den Tisch gelegt werden. Während Hans draußen ist, dürfen die anderen unter die Karten gucken und eine bestimmen, die er erraten soll. Wieder hereingerufen, fährt Hans mit fast geschlossenen Augen über die Karten, um die Vibrationen zu erfühlen, die von ihnen ausgehen. Nach einer Weile voller Spannung zuckt sein Zeigefinger und fährt dann auf eine Karte herunter – die richtige! Wie hat er das gemacht? – Natürlich mit Hilfe von Regina, seiner Komplizin. Die hat sich nämlich, als Hans zu ihr herüberschielte, rechts an der Stirn gekratzt. Deshalb weiß Hans daß die Karte rechts in der oberen Reihe ausgeguckt war. Wäre es die mittlere in der mittleren Reihe gewesen, hätte sich Regina unauffällig an der Nase gezupft, und bei der Karte links unten hätte sie links sich am Kinn gekratzt.

Lassen wir offen, ob Hans und Regina ihr Geheimnis heute abend noch preisgeben, jedenfalls will Till, der die ganze Zeit nichts gesagt hat, seinen Supertrick loswerden.

Maus unter die Tasse zaubern
ab 6 Jahren

„Das ist alles noch gar nichts", sagt er. „Ich kann sogar eine lebendige Maus unter diese Tasse zaubern!" Spricht's, dreht seine Tasse um und beschwört sie: „Hokuspokus malokus, dreimal schwarzer Kater, geh unter diese Tasse, Maus, sonst wirst du zum Katzenschmaus!" Dann teilt er der erwartungsvollen Zuschauermenge mit. „Jetzt ist sie drunter!" Natürlich wollen sie jetzt alle die Maus sehen, aber Till spricht: „Ruhe, Ruhe, meine Zauberei ist noch nicht fertig, ich kann die Maus nämlich auch wieder wegzaubern!" Spricht's, und – hokuspokus malokus, dreimal schwarzer Kater – die Maus ist wieder weg. Was Till auch beweisen kann, denn als er die Tasse aufhebt, ist nichts, aber auch gar nichts darunter.
In der allgemeinen Heiterkeit geht Reginas Angebot unter, jetzt einen kompletten Elefanten unter ihre Tasse zu zaubern . . .

SIAMESISCHE ZWILLINGE

Kinderfest im Freien

Ein Kinderfest, das kann ein Kindergeburtstag im Garten sein, ein Straßen- oder Nachbarschaftsfest, ein Schulfest, der Höhepunkt der Familienferien oder eines Ferienlagers.

Kinderkirmes

Wenn genug Zeit für Vorbereitungen ist, könnt ihr vielleicht eine richtige Kirmes aufbauen, wo Kinder nicht nur die Besucher, sondern auch die Schausteller und Kirmeskünstler sind. Es kann sein, daß für eine Kirmes Geld nötig wird, zum Beispiel für den Limo- und Schokokußeinkauf. Oder daß ihr für eine gemeinsame Anschaffung oder für einen guten Zweck bei dieser Gelegenheit Geld sammeln wollt. Dann könnt ihr auch Eintrittsgeld nehmen oder etwas verkaufen. Das macht die Kirmes nur echter. Wichtig ist aber: 1. daß niemand in die eigene Tasche wirtschaftet, 2. daß kein Preis zu hoch ist und 3. daß ihr nicht bei jedem unbedingt dasselbe nehmt, denn manche Kinder haben vielleicht nicht soviel Geld wie ihr.

Flohmarkt
ab 8 Jahren

Um die Gemeinschaftskasse aufzufüllen, haben alle Kinder etwas mitgebracht, was sie (oder ihre Eltern) nicht mehr brauchen: Bücher und Comic-Hefte, Schallplatten, Bilder, Kleidungsstücke, Spielzeug, Porzellan, Küchengerät und anderen Trödel und Plunder. Anna und Till haben alles auf einem langen Tapeziertisch kunstvoll dekoriert und preisen ihre Waren lauthals an.

Versteigern
ab 10 Jahren

Um die Kauflust der Kinder anzuheizen, macht Till ab und zu eine Versteigerung: „Meine Damen und Herren, treten Sie näher, die Blumenvase von Lucas Oma ist so wertvoll, daß wir sie nur an den Meistbietenden abgeben können. Hier, betrachten sie das antike Stück. Eine Mark fünfzig ist das Mindestgebot. Wer bietet mehr? Ja, die Dame dahinten bietet eine Markt fünfundfünfzig! Das kann aber doch nicht das letzte Wort sein, bei einer Vase, in die schon Kaiser Wilhelm seine Tulpen stellte! Ja, der Herr dort, wie? Eine Mark fünfundsechzig? Sie meinten wohl eine Mark achtzig! Eine Mark achtzig zum ersten, zum zweiten und zum drrr . . . – Aha, Frau Maier hat den Wert der Vase erkannt und bietet zunächst zwei Mark. Zwei Mark zum ersten, zum zweiten und zum . . . drrritten! Herzlichen Glückwunsch, Frau Maier, sollen wir Ihnen das kostbare Stück einwickeln?"

Das lustige Kölner Ballwerfen
ab 8 Jahren

Volker und Otto bauen auf ihrem Tisch immer wieder sechs leere Konservendosen zu einer Pyramide auf. Wer mit Tennisbällen alle Dosen der Pyramide vom Tisch gefegt hat, bekommt einen Gewinn. Jeder Wurf kostet zehn Pfennig. Je nachdem, wie groß die Kinder sind, müssen sie beim Werfen einen, zwei oder drei Meter Abstand vom Tisch halten. Das ist das *Lustige Kölner Ballwerfen*, wie es auch auf keinem „richtigen" Jahrmarkt fehlt.

Manchmal bauen Volker und Otto die Dosen auch nebeneinander auf und verstecken unter einer davon einen Gewinn. Wer die richtige Dose trifft, darf den behalten.

Glücksbeutel
ab 4 Jahren

Den Glücksbeutel gilt es mit verbundenen Augen zu erwischen. *Glücksbeutel* ersetzt Topfschlagen (siehe Seite 55) im Freien, wenn man nicht auf dem Boden herumrutschen kann. Sophie steckt Süßigkeiten in den Glücksbeutel, den sie an einem Ast oder einer Wäscheleine aufhängt. Jan will den Glücksbeutelinhalt haben. Er bekommt die Augen verbunden und einen Kochlöffel in die Hand. Dann wird er ein bißchen vom Glücksbeutel weggeführt und so lange herumgedreht, bis er nicht mehr weiß, in welcher Richtung er ihn suchen soll. Nun läuft er mit seinem Kochlöffel herum auf der Suche nach seinem Glück. Wenn die anderen Kinder ihm mit „heiß" und „kalt" helfen, wird er endlich mit dem Löffel ordentlich auf den Beutel schlagen. Dann darf er die Augenbinde abnehmen und sich über den Beutelinhalt hermachen.

Schokoküsse schnappen
ab 4 Jahren

Neben dem Flohmarkt verkaufen Anna, Lisa und Luca Limo, Kakao und Cola. Schokoküsse und Würstchen werden aber nicht verkauft: die müssen sich die anderen Kinder schnappen. Sie werden auf einem Faden aufgereiht, der mit einem Ende an einer Stange festgebunden ist. Das andere Ende hält Anna in der Hand. Und zwar gerade so hoch, daß sie das Kind, das an der Reihe ist, mit dem Mund schnappen kann. Schokoküsse schnappen ist mit verbundenen Augen noch lustiger.

Nagelbalken
ab 10 Jahren

Antonio hat ein dickes Brett organisiert, in das er, und das kann er gut, immer mal wieder Nägel einschlägt. Drei Hammerschläge, und so ein Nagel ist im Brett verschwunden. Wer von den anderen es auch nur mit fünf Schlägen schafft, bekommt einen Preis. (Antonio paßt natürlich auf, daß niemand sich mit dem Hammer auf den Daumen haut.)

Gruselkabinett
ab 10 Jahren

„Treten Sie näher, meine Damen und Herren! Treten Sie näher, wenn Sie sehen wollen, wie der schreckliche King Kong die weiße Frau entführt", ruft Susanne. Sie hat in einem Karton die Szene mit ihrem großen Plüschaffen und Lisas blonder Puppe nachgebaut, und das Ganze wird von einer mit rotem Papier überklebten Taschenlampe schaurig beleuchtet. Wer einen Groschen bezahlt, darf sich dies Gruselbild durch ein kleines Loch im Karton angucken. (Statt King Kong kann natürlich auch Graf Dracula, Batman, ein menschenfressendes Krokodil oder sonstwas auftreten. Der Phantasie sind wieder einmal keine Grenzen gesetzt.)

Luftballons kaputtwerfen
ab 10 Jahren

Anna und Ali haben aufgeblasene Luftballons an eine Pappwand gepinnt. Wer es schafft, mit den bereitliegenden Dart-Spiel-Pfeilen so einen Luftballon platzen zu lassen, gewinnt einen Preis.

Zauberzelt
ab 10 Jahren

„Hereinspaziert, meine Herrschaften, hereinspaziert", ruft Hans vor einem Campingzelt oder etwas Ähnlichem aus, „drinnen erwartet Sie die große Magierin Regina Vanilla, die Sie mit ihrer Magie verblüffen wird und Ihre geheimsten Gedanken errät!" – Drinnen sitzt tatsächlich Regina, als Orientalin verkleidet, und führt alle Tricks vor, die sie seit dem letzten Winter geübt hat (siehe Seite 72 ff.).

Eimerwerfen
ab 6 Jahren

Bei Sabine müssen die anderen Kinder versuchen, Bierdeckel (oder Tischtennisbälle) aus einer bestimmten Entfernung in einen Eimer zu werfen. Wer trifft, gewinnt etwas.

Autoscooter
ab 4 Jahren

Aische, Anna und Kai sind für den *Autoscooter* zuständig. Sie haben mit Wäscheleinen ein Feld abgegrenzt, wo die Autos durcheinanderrasen, solange die Musik spielt. Hört die Musik auf, sind die nächsten dran. So ein Auto besteht aus mindestens zwei Kindern. Das erste ist der Motor und hat die Augen verbunden, das zweite faßt den „Motor" mit beiden Händen an den Schultern und lenkt ihn. Mehrere Kinder mit einem Motor sind ein Lastwagen oder eine Straßenbahn. Die sind natürlich nicht so leicht zu lenken wie ein einfaches Auto. Mit lautem Motorgebrumm und „Tüt, tüüt!" fahren die Autos los und müssen höllisch aufpassen, daß es zu keinem Zusammenstoß kommt. Es gibt natürlich Autolenker, die auf Zusammenstöße geradezu versessen sind. Das kann auch sehr lustig sein, aber wenn die es zu toll treiben, greift Aische ein und verkündet, daß von nun an alle, die einen Unfall verursachen, ausscheiden müssen.

Tombola
ab 4 Jahren

Kurz bevor die Kinderkirmes schließt, gibt es noch etwas zu gewinnen. Jeder Gewinn hat eine Nummer. Volker und Anna haben diese Nummern, aber auch das Wörtchen „Niete" auf Zettel geschrieben, die Zettel sorgfältig gefaltet und in ein Eimerchen gesteckt, aus dem jeder so ein Los ziehen kann. Vielleicht hat jetzt Glück, wer bisher noch nichts gewonnen hat!

Hindernisrennen

Wettläufe und Staffelläufe mit Hindernissen gehören seit eh und je zu den Höhepunkten von Kinderfesten.

Staffelläufe

Wenn viele Kinder beisammen sind – und das ist bei Kinderfesten meist der Fall –, lassen sich Wettläufe nur noch als *Staffelläufe* organisieren. Dafür werden Mannschaften gebildet (siehe Seite 24). Die Mannschaften stellen sich hintereinander auf. Die ersten in jeder Reihe laufen (hüpfen usw.) beim Startsignal gleichzeitig los. An der Wendemarke drehen sie um, und wenn sie wieder bei „los“ sind, machen sich die nächsten auf den Weg. Die Gruppe, deren letztes Mitglied als erstes wieder zurück ist, hat gewonnen.
Der Hauptspaß bei Hindernisrennen ist, daß es nicht allein auf die Schnelligkeit, sondern genauso auf Geschicklichkeit und gute Zusammenarbeit ankommt.

Sackhüpfen
ab 6 Jahren

Jede Gruppe kriegt einen Sack (eine große Plastik-Mülltüte oder ähnliches). Beim Startsignal hüpfen die ersten in ihren Säcken, die sie mit den Händen festhalten, los. Ist das erste Kind einer Gruppe wieder an der Ziellinie, steigt das nächste in den Sack. Wer zu schnell hüpft, purzelt auch schon mal hin, aber gerade das ist der Reiz der Sache.

Siamesische Zwillinge
ab 8 Jahren

Jede Gruppe muß eine gerade Zahl von Mitgliedern haben, denn je zwei kriegen jeweils ein Bein aneinandergebunden. Sie sind jetzt wie *siamesische Zwillinge* zusammengewachsen. Praktisch mit drei Beinen laufen die Zwillingspärchen los.
Geübte siamesische Zwillinge können sogar, wenn sie sich auch mit den Armen gut aneinander festhalten, mit ihrem gemeinsamen Bein hüpfen.

Eierlaufen
ab 4 Jahren

Die zuerst starten, bekommen jeweils einen Eßlöffel in die Hand, auf den ein (möglichst hart gekochtes) Ei gelegt wird. Dann heißt es so schnell wie möglich laufen, ohne das Ei zu verlieren, denn wer es verloren hat und wieder auf den Löffel legen muß, verliert wertvolle Sekunden.
Siamesische Zwillinge können auch eierlaufen.

Schubkarrenrennen
ab 6 Jahren

Auch beim *Schubkarrenrennen* müssen immer zwei zusammen laufen. Ein Kind ist die Schubkarre und läuft auf den Händen, das andere nimmt die Beine des ersten in die Hände und schiebt.

Dosenrennen
ab 6 Jahren

Anna und Ali sind zuerst am Start. Sie müssen sich auf zwei Konservendosen stellen und bekommen eine dritte in die Hand gedrückt. Auf „los“ setzen sie die dritte Dose vor sich, so daß sie mit einem Fuß darauftreten können. Dann drehen sie sich um und nehmen die freigewordene Dose und setzen sie wieder vor sich. Wer dabei den Boden berührt, muß wieder am Start anfangen.

Eisschollenrennen
ab 6 Jahren

Auf der Eisbärjagd habt ihr euch auf unsicheres Eis begeben. Das Festland könnt ihr jetzt nur noch erreichen, wenn ihr von Eisscholle zu Eisscholle hüpft. Die Eisschollen sind zwei Stücke Pappe. Bei „los“ legt ihr ein Pappstück vor und hüpft drauf. Dann holt ihr das nächste Stück nach, legt es wieder vor euch und hüpft drauf. So geht es vorwärts, dem rettenden Land entgegen.

Polarexpedition
ab 6 Jahren

Am Nordpol ist es kalt. Deshalb müßt ihr für jeden Ausflug Mantel, Mütze, Schal und Handschuhe anziehen. Wenn jemand zum Ausgangspunkt zurückkehrt, muß er die winterfeste Bekleidung an den nächsten Expeditionsteilnehmer weitergeben. Dieses Einkleiden kann man als zusätzliches Hindernis in jeden Staffellauf einfügen.

Wasserspiele

Im Sommer, wenn alle in Badesachen herumlaufen können, im Garten, im Schwimmbad oder am Strand, lassen sich Gruppenspiele austragen, bei denen es ganz schön naß zugeht.

Eimerlaufen
ab 6 Jahren

Euer Schiff ist eine Plastikwanne, ein kleines Plastikbecken oder ein Schlauchboot. Es ist voller Wasser, denn ihr habt ein Leck und droht unterzugehen, wenn ihr das Schiff nicht rechtzeitig leerschöpft. Alle kriegen einen Eimer oder sonst ein Behältnis in die Hand und müssen das Wasser aus dem Schiff schöpfen und in ein anderes Becken (zum Meer oder sonstwohin) bringen. Jede Mannschaft kann das organisieren, wie sie will. Die Mannschaft, die ihr Schiff am schnellsten leer hat, gewinnt.

Eimer mit Tassen füllen
ab 6 Jahren

Wenn ihr kein Schiff, keine große Wanne oder so etwas habt, könnt ihr auch mit Löffeln (Tassen) einen Eimer oder eine Konservendose füllen, der oder die eine ganze Strecke von der Wasserstelle entfernt ist. Jede Gruppe hat einen Eimer (eine Dose) zu füllen.

Rettungsboot I
ab 6 Jahren

Wenn alles Schöpfen nicht geholfen hat und euer Schiff absäuft, kommt irgendwann das Kommando: „Alle Mann in die Boote!" Dann müssen alle versuchen, in die Plastikwanne zu springen. Wer nicht mehr reinpaßt, muß elendiglich ersaufen.

Rettungsboot II
ab 6 Jahren

Es sind so viele Wassereimer nebeneinander aufgestellt, wie Kinder da sind. Bei „Alle Mann in die Boote" sucht sich jedes Kind einen Eimer und springt hinein. Dann wird ein Eimer weggenommen, alle Kinder laufen um die Eimer herum, und wenn es wieder heißt: „Alle Mann in die Boote!", findet ein Matrose keinen Platz mehr und muß ersaufen (scheidet aus). Und so geht es weiter, bis nur noch ein Schiffbrüchiger gerettet wird.

Wasserballons werfen
ab 8 Jahren

Luftballons werden mit Wasser gefüllt. Zwei Mannschaften stehen sich in zwei Linien gegenüber und werfen sich die Ballons zu. Nach und nach werden die Abstände zwischen den Linien vergrößert – bis der erste Ballon platzt. Wer von einem geplatzten Ballon naßgemacht worden ist, muß ausscheiden. Die Gruppe, die nach dem Platzen des letzten Ballons noch am meisten Mitglieder hat, gewinnt. Die andere hat aber genausoviel Spaß gehabt.

Das zweite Rettungsbootspiel ist eigentlich nur eine nasse Abwandlung der *Reise nach Jerusalem*. Mit etwas Phantasie lassen sich nämlich viele Spiele in Wasserspiele verwandeln. Vor allem *Ballspiele* (siehe Seite 101 ff.) könnt ihr fast alle auch im Wasser spielen, und für *Reiterspiele* (siehe Seite 99 und 100) gibt es keinen geeigneteren Ort als das Nichtschwimmerbecken.

KINDEROLYMPIADE

Spiele mit und ohne Sieger

Die Kinderolympiade braucht keine teuren Sportanlagen, sondern nur eine Wiese, sie kennt auch keine Doping-Skandale – und vor allem: Sie findet nicht im Fernsehen statt, sondern ihr könnt alle mitmachen!

Spiele ohne Sieger

Es kommt nicht darauf an zu siegen, sondern Teilnehmen ist das wichtigste, heißt es bei der Erwachsenenolympiade, und doch dreht sich da alles immer nur um die Sieger. Bei der Kinderolympiade gibt es natürlich auch richtige Wettkämpfe, aber das Gewinnen ist wirklich nicht so wichtig. Der Beweis: Hier gibt es auch *Spiele ohne Sieger*, und die machen genausoviel Spaß wie die anderen.

Gordischer Knoten
ab 6 Jahren
8 bis 20 Kinder

Alexander der Große sollte einmal einen komplizierten Knoten lösen, und weil er sehr ungeduldig war, hackte er ihn einfach mit dcm Schwcrt durch. Wir müssen etwas feinfühliger vorgehen, denn unser Knoten besteht aus lauter Kindern, die sich zu einem dichten Haufen zusammenstellen, -hocken, -setzen und -legen und durch fremde Arme und Beine hindurch an den Händen fassen, wen sie da gerade finden.
Lisa ist der große Alexander und soll diesen Knoten entwirren. Sie darf immer nur eine Hand von einer andern lösen und mit einer anderen zusammenstecken. Die freigewordenen Hände fügen sich untereinander wieder zusammen. Mit viel Geduld und Spucke kriegt sie es hin, daß aus dem Knoten ein Strick geworden ist: ein Kreis von Kindern, die sich an den Händen halten.

Gordischen Knoten mit Gewalt lösen
ab 8 Jahren
8 bis 20 Kinder

Es geht aber auch mit Gewalt: Dazu werden zwei Gruppen gebildet. Die eine knotet sich fest zusammen, die andere zerrt an dem Knoten herum, um ihn auseinanderzurupfen. Das ist gar nicht so einfach, denn wenn es einmal gelungen ist, zwei Hände auseinanderzukriegen, suchen die sofort wieder eine neue Verbindung. Achtung: Dieses Spiel macht nur Spaß, wenn alle, die mitmachen, ungefähr gleich stark sind; sonst tut ihr euch gegenseitig nur weh!

Schlangenhäuten
ab 8 Jahren
4 bis 20 Kinder

Wenn eine Schlange größer wird, wächst ihr eine neue Haut, und die alte, die zu eng geworden ist, muß sie abstreifen. Unsere Schlange besteht aus Kindern, die mit gegrätschten Beinen hintereinander in einer Reihe stehen. Ihre Hände haben sie zwischen den Beinen von Vorderfrau und -mann durchgesteckt, und sie halten sich an den Handgelenken fest. Bei Susanne, die den Schwanz der Schlange bildet, fängt die Häutung an: Sie legt sich vorsichtig hin, ohne Otto loszulassen, der vor ihr steht. Otto geht dabei ein paar kleine Schritte rückwärts und zieht alle anderen nach. Sobald er über Susanne weggegangen ist, kann auch er sich hinlegen. Wenn schließlich auch Sabine, die vorn gestanden hat, liegt, kann Susanne, die jetzt der Kopf der Schlange ist, vorsichtig aufstehen, und nacheinander alle hinter ihr. Jetzt ist die Schlange gehäutet, wie ein Pullover, den man auf „links" wendet, und die nächste Häutung kann beginnen. Beim zweiten Mal geht es schon viel besser.

Riesenraupe
ab 6 Jahren
6 bis 20 Kinder

Alle legen sich nebeneinander mit dem Bauch nach unten auf die Erde. Das ist die Raupe. Und nun fängt sie an, sich zu bewegen: Hans ist das Ende der Raupe. Er rollt sich über alle anderen hinweg, und kaum ist Hans losgerollt, hat sich auch schon Anna in Bewegung gesetzt, die neben ihm lag. So ist Hans nicht lange der Raupenkopf. In kurzer Zeit, wenn alle durch sind, hat sich die Raupe schon um ihre eigene Länge fortbewegt. Und so kriecht die Raupe immer weiter.
Falls genügend Kinder da sind, könt ihr auch ein Wettrennen von zwei Raupen veranstalten!

Drachenschwanzjagen
ab 6 Jahren
8 bis 20 Kinder

Alle stellen sich hintereinander und fassen sich an den Schultern – oder besser: um den Bauch. Till ist der erste in der Reihe: er ist der Kopf des Drachens; Jule ist die letzte und hat deshalb den Schwanz, ein buntes Tuch, das ihr hinten im Hosenbund steckt. Da dieser Drache ganz schön dumm ist, hält er seinen Schwanz für eine Prinzessin und versucht, ihn mit den Zähnen zu schnappen. Dabei windet er sich auf ganz absonderliche Weise.
Hat Till den Schwanz erwischt, darf er sich selbst den Schwanz anstecken und ans Ende der Drachenreihe stellen.
Oft geht es beim Drachenschwanzjagen so dramatisch zu, daß es den Drachen in der Mitte zerreißt. Jetzt versuchen beide Halbdrachen wieder zu ganzen zu werden, indem sie dem Schwanz des anderen nachjagen. Gelingt dies, wächst der Drache wieder zusammen.

Amöbenrennen
ab 6 Jahren
8 bis 20 Kinder

Amöben sind winzige Tierchen, die nach allen Richtungen hin kleine Beinchen entwickeln können. Wenn ihr euch (wie beim Gordischen Knoten) zusammenknubbelt und aneinander festhaltet, seid ihr wie eine solche Amöbe. Man kann gespannt sein, wohin ihr trudelt, wenn es „los" heißt: So viele Beine, so viele Richtungen. Entweder ihr purzelt alle übereinander, oder eure Amöbe bricht auseinander. Auch nicht schlimm, denn Amöben vermehren sich durch Zellteilung. Jetzt können zwei Amöben um die Wette laufen!

Tauziehen
ab 6 Jahren
4 bis 20 Kinder

Tauziehen kennt jeder, und im Jahre 1896 war es schon einmal eine richtige olympische Disziplin mit zwei Nationalmannschaften an jedem Ende des Taus. Aber richtige Sieger gibt es beim Tau'ziehen eigentlich nicht, denn die Mannschaft, die gewonnen hat, sitzt meistens auf dem Hintern, und die Verlierer können nicht anders, als über sie zu lachen.

Tonnendrücken
ab 6 Jahren
4 bis 10 Kinder

Ganz ähnlich gehts beim *Tonnendrücken* zu: Auf jeder Seite steht eine Mannschaft, die versucht, die Tonne so weit wie möglich auf die Gegenseite zu rollen.

Butterwiegen
ab 6 Jahren

Das wär' auch einmal etwas für die Erwachsenenolympiade: Immer zwei stellen sich Rücken an Rücken, haken die Arme ineinander und nehmen sich dann immer abwechselnd auf den Buckel. Das Erstaunliche dabei ist, daß Kleine auch die Größten ohne weiteres hochkriegen. Nach einer Weile ist Partnertausch angesagt, und der Spaß geht von vorne los.

Alligatorenkampf
ab 6 Jahren
4 bis 20 Kinder

Wenn Krokodile oder Alligatoren laufen, sieht es so ähnlich aus, wie wenn Menschen sich im Liegestütz bewegen, also auf allen vieren mit angewinkelten Armen und den Fußspitzen auf dem Boden. Beim *Alligatorenkampf* krabbeln alle auf diese anstrengende Weise durcheinander und versuchen gegenseitig, sich aus dem Gleichgewicht zu bringen. Die wirksamste Methode ist dabei, dem Gegner die Stützhand wegzuziehen, wobei man allerdings selber leicht ins Straucheln gerät. Wer auf den Bauch fällt, scheidet aus. Natürlich könnt ihr statt einem Kampf aller gegen alle auch ein *Turnier*, in dem immer zwei Kinder gegeneinander antreten, organisieren (siehe Seite 31).

Krebskampf
ab 6 Jahren
4 bis 20 Kinder

Wenn Krebse miteinander kämpfen, erinnert das an Menschen, die auf allen vieren, aber mit dem Rücken nach unten gehen, sich dabei anrempeln und gegenseitig die Beine wegziehen. Außerdem bewegen sich Krebse immer rückwärts. Wenn ein Krebs mit dem Hintern den Boden berührt, scheidet er aus.

Hahnenkampf
ab 8 Jahren
2 bis 20 Kinder

Hahnenkampf kennt ihr bestimmt schon: Wie der Gockel auf dem Mist stehen alle auf einem Bein. Die Arme haben sie vor der Brust verschränkt. Bei „los" hüpfen sie auf ihrem Bein herum und versuchen sich durch Schubsen gegenseitig aus dem Gleichgewicht zu bringen.

Lanzenkampf
ab 8 Jahren
2 bis 20 Kinder

Till und Aische bekommen beide einen Besen oder Schrubber in die Hand als Lanze (vielleicht noch einen großen Kochtopfdekkel als Schild). Der Besen ist mit Lappen gut umwickelt, so daß sie sich nicht wehtun können. Dann müssen beide auf einen umgekippten Baumstamm, einen Balken oder ein aufgebocktes Brett steigen und versuchen, sich mit der Lanze gegenseitig herunterzustoßen. Sieger oder Siegerin dürfen gegen die Gewinner aus der nächsten Paarung antreten. Achtung: Es müssen immer große Kinder oder Erwachsene dabeistehen, die aufpassen, daß sich auch beim Herunterfallen niemand verletzen kann!

Reiterkampf
ab 8 Jahren
4 bis 20 Kinder

Am besten nehmen die Stärkeren unter euch als Pferde die Leichteren huckepack, und dann geht's los: Die Pferde galoppieren gegen einander an und versuchen sich aus dem Gleichgewicht zu bringen, während Reiterin und Reiter sich wechselseitig aus den Sätteln zu zerren bemüht sind. Wie immer im Pferdesport kommt es auf nichts mehr an als auf die gute Zusammenarbeit von Pferd und Reiter.

Besenpolo
ab 10 Jahren
4 bis 20 Kinder

Als Poloschläger dienen Besen oder Schrubber, als Poloball ein leichter Ball oder ein Luftballon. Jetzt geht es darum, innerhalb eines markierten Spielfeldes den Ball mit dem Schläger ins gegnerische Tor zu treiben. Natürlich gelten nur Schläge, die die Reiter vom Rücken ihrer Pferde aus getan haben, und kein Pferd darf den Ball mit den Hufen treten, sonst wäre es kein Polo, sondern Pferdefußball.

Schnapp dir einen Mann / Schnapp dir eine Frau
ab 10 Jahren
8 bis 40 Kinder

Hinter der Startlinie tummeln sich genausoviel Jungen wie Mädchen. Auf das Kommando „Schnapp dir eine Frau!" nimmt sich jeder Junge das Mädchen seiner Träume und läuft mit ihr auf dem Rücken los, bis zur Wendemarke und zurück. Bei „Schnapp dir einen Mann!" sind es die Mädchen, die sich die Knaben auf den Buckel packen – Ob die schnellsten auch die glücklichsten Paare sind?

Reiterstafette
ab 10 Jahren
8 bis 20 Kinder

Susanne ist das erste Pferd ihrer Mannschaft, Volker der erste Reiter. Beim Startzeichen galoppiert Susanne mit Volker los. Wenn sie wieder bei der Start/Ziel-Linie sind, muß Volker für Ali, der der nächste Reiter ist, das Pferd machen. Und so geht es weiter, bis zum Schluß wieder Susanne, diesmal als Reiterin, dran ist. Auf diese Weise sind alle einmal Pferd und einmal Reiter gewesen.

Ballspiele

Völkerball
ab 10 Jahren
10 bis 40 Kinder

Ein rechteckiges und nicht zu großes Feld ist in zwei Hälften geteilt. In jeder Hälfte steht eine Mannschaft, und niemand darf aus der eigenen Spielfeldhälfte herauslaufen. Jede Mannschaft bestimmt außerdem einen Werfer, der sich hinter dem gegnerischen Feld aufbaut. Volker ist Werfer (auch wenn das Spiel Völker- und nicht Volkerball heißt) und darf anfangen. Er zielt auf Antonio, der ihm von der gegnerischen Mannschaft am nächsten steht. Wenn es ihm gelingt, Antonio „abzuwerfen“, das heißt, wenn der Ball Antonio berührt, ohne daß der ihn festhalten kann, muß Antonio aus seinem Feld heraus und hinter die Grundlinie auf der anderen Seite, um mit Aische, der Werferin seiner Mannschaft, zusammenzuspielen. Aber Antonio fängt den Ball und wirft ihn gegen Till im anderen Feld. Der Ball streift Till, ohne daß der ihn fassen kann, und rollt weiter zu Aische hinter die Linie. Till muß raus und zu Volker hinter das andere Feld, und Aische versucht jetzt, Hans zu treffen, der provozierend vor ihrer Nase herumläuft. Hans schnappt den Ball und schafft es, Antonio abzuwerfen. Und so geht es weiter, bis eine Mannschaft keine Leute mehr in ihrem Feld hat.

Salzsäule
(Völkerball ohne Mannschaften)
ab 8 Jahren
16 bis 40 Kinder

Ein vereinfachtes Völkerballspiel, ohne gegnerische Mannschaften und mit ungeteiltem Spielfeld, ist *Salzsäule*. Sabine ist zur Salzsäule erstarrt (jedenfalls von der Gürtellinie an nach unten) und darf sich nicht vom Platz bewegen. Aber werfen kann sie. Wer von ihrem Ball getroffen wird und ihn nicht schnappen kann, erstarrt ebenfalls, darf aber nun auch die anderen abzuwerfen versuchen. Wenn nur noch Salzsäulen herumstehen, ist das Spiel aus.

Treibjagd
ab 8 Jahren
12 bis 40 Kinder

Auch *Treibjagd* geht so ähnlich wie Völkerball, hat aber den Vorteil, daß ihr dafür keine Spielfeldmarkierung braucht. Die Grenze der Spielfläche ist nämlich ein Kreis, den die eine Gruppe bildet. Die andere läuft innerhalb des Kreises herum, und die von der ersten Gruppe müssen versuchen, von ihrem Kreis aus die anderen abzuwerfen. Wenn alle im Kreis rausgeworfen sind, ist das Spiel aus, und die Mannschaften tauschen ihre Rollen.

Stoppball
ab 6 Jahren
3 bis 12 Kinder

Sophie hat den Ball und wirft ihn ein paarmal gegen eine Wand. Die anderen stehen um sie herum. Jetzt wirft sie noch einmal kräftig und ruft laut „Ali!" – und läuft von ihrem Platz weg. Ali beeilt sich und kann den Ball gerade noch fangen. Als er ihn hat, ruft er laut „Stopp!" Jetzt darf er sich aussuchen, wer den Ball als nächster fangen muß. Wer einen gut geworfenen Ball nicht kriegt, ist draußen.
Wenn keine Mauer da ist, kann Sophie den Ball bei diesem Spiel auch in die Luft werfen oder so kräftig auftitschen lassen, daß er hoch genug springt, um von Ali aufgefangen werden zu können.

Foppball
ab 6 Jahren
8 bis 20 Kinder

Alle Kinder stehen in einem großen Kreis und haben die Beine gegrätscht. Volker ist „raus“ und muß in die Mitte des Kreises. Er versucht nun, den Ball zwischen den Beinen der Mitspieler hindurchzuwerfen. Die müssen ihre Beine gespreizt halten und dürfen den Ball nur mit den Händen stoppen. Lisa ist die erste, die nicht aufpaßt und den Ball durchläßt. Jetzt muß sie in die Mitte, und Volker tritt an ihrer Stelle in den Kreis.

Kaiser, König, Herr Baron
ab 6 Jahren
4 bis 20 Kinder

Wie schnell jemand von höchsten Würden in die bitterste Armut absteigen und wie flott jemand Karriere machen kann, zeigt dieses Spiel. Für jede Rangstufe wird auf dem Boden ein Kreis markiert, jeweils in ein paar Metern Abstand vom nächsten. Also je ein Kreis für Kaiser, König, Baron und – Bettelmann. Bei mehr als vier Mitspielern können noch „Bürger“ und „Bauer“ zwischen Baron und Bettelmann eingefügt werden. Machen noch mehr Kinder mit, können auch mehrere in die Kreise der niedrigeren Ränge eintreten. Paul ist Baron und fängt an. Er wirft den Ball zu Bettelfrau Sarah. Die fängt ihn auf und wirft ihn zu Kaiser Otto. Der hat nicht aufgepaßt, kriegt den Ball nicht, und schon ist Sarah an seiner Stelle Kaiserin, und Otto muß betteln gehen.

Sitzfußball
ab 8 Jahren
8 bis 22 Kinder

Wie Fußball geht, muß hier niemandem erklärt werden, aber daß auch *Sitzfußball* ein großer Spaß ist, sollte erwähnt werden. Die Regeln sind dieselben wie beim Fußball, nur daß alle Mitspieler sitzen müssen und sich ausschließlich auf Händen und Hacken bewegen dürfen. Der Ball darf natürlich auch hier nur mit den Füßen berührt werden. Sitzfußball kann man auf kleinen Feldern und sogar in größeren Räumen spielen.

Zickzackball
ab 8 Jahren
10 bis 40 Kinder

Die Mitspieler stehen sich in zwei Reihen gegenüber. Am einen Ende einer Reihe kommt der Ball ins Spiel, wird zuerst direkt zum Gegenüber geworfen, von da zum Schräg-Gegenüber zurück und weiter so, daß er immer im Zickzack läuft. Wer einen ordentlich geworfenen Ball nicht kriegt, ist draußen. Je schneller der Ball hin und her geht, desto schwieriger und spannender wird's. Sind die Reihen der Mitspieler lang genug, könnt ihr auch zwei, drei Bälle ins Spiel bringen.

Winterspiele

Schlitten, Schlittschuhe, Schlitterbahn
ab 6 Jahren

Auf Schnee und Eis sind die tollsten Spiele möglich. Die meisten davon brauchen keine besonderen Regeln. Mit dem *Schlitten* könnt ihr natürlich Wettrennen veranstalten, auch Mannschaftswettbewerbe, und dabei noch verschiedene Hindernisse einbauen. Auf *Schlittschuhen* könnt ihr nicht nur *Eishockey* spielen, sondern auch alle möglichen Stafettenläufe organisieren. Auf *Schlitterbahnen* kommt es natürlich darauf an, nach dem Anlauf von einer Startmarkierung an möglichst weit zu schlittern.

Schneeballschlacht
ab 8 Jahren

Schneeballschlachten sind besonders interessant, wenn zum Beispiel eine Mannschaft die von der anderen Mannschaft verteidigte Schneeburg einnehmen soll. Dabei könnt ihr vereinbaren, daß wie beim Völkerball jeder raus muß, der einen Treffer abgekriegt hat (oder, wenn das zu schnell geht, jeder, der drei Treffer abgekriegt hat).

Schneeballzielwurf
ab 10 Jahren

Ein bestimmtes Ziel wird markiert oder aufgebaut (zum Beispiel Schneebälle, die auf einer Mauer aufgereiht werden). Und jetzt werden die Treffer gezählt, die jemand einzelnes oder eine Mannschaft erzielt hat.

Biathlon
ab 10 Jahren

Wie beim olympischen *Biathlon*, wo die Punkte von Skilanglauf und Schießen zusammengezählt werden, könnt ihr auch Schlittern und Schneeball-Zielwerfen kombinieren. Das Punktesystem dafür müßt ihr euch selbst ausdenken.

Spuren im Schnee
ab 6 Jahren

In einem frisch eingeschneiten Gelände macht es Spaß, Spuren zu verfolgen. Eine Gruppe geht voran und versucht, ihre Spuren möglichst zu verwischen, zum Beispiel durch Im-Kreis- oder Rückwärts-Gehen. Die nachfolgende Gruppe läßt sich aber nicht von der Fährte abbringen. Vielleicht jedoch wird sie von der ersten, kurz bevor sie die entdeckt hat, an einer düsteren Stelle überfallen . . .

RÄUBER UND SCHANDIZ

Spiele im Gelände

Das schönste Spielgelände ist eine Wiese, womöglich am Waldrand, oder eine Lichtung im Wald. Aber auch auf dem Spielplatz oder dem Schulhof lassen sich die meisten dieser Spiele spielen. Selbst Rallyes könnt ihr nicht nur in freier Wildbahn, sondern auch in der Stadt auf der Straße organisieren – aber bitte so, daß niemand möglichst schnell durch den Autoverkehr rennen muß.

Fangen und Verstecken

Räuber und Schandiz
(Räuber und Gendarm)
ab 6 Jahren
8 bis 30 Kinder

Räuber und Schandiz (Gendarm), Räuber und Polizist, das ist ein Spiel, das immer gespielt wird, im Fernsehen sogar jeden Tag. Dort geht es meistens um Detektiv und Gangster oder Sheriff und Pferdediebe.

Zwei Mannschaften werden gewählt: Räuber und Polizisten. Die Polizisten rennen hinter den Räubern (oder Gangstern) her, und wenn sie sie gekriegt, das heißt: abgeschlagen haben, sind die Räuber verhaftet und werden ins Gefängnis abgeführt, wo sie bis Spielende bleiben müssen. Die Räuber können sich retten, wenn sie ihre „Räuberhöhle" erreichen, ein Freimal, dessen

Berührung unverwundbar macht gegen die Anschläge der Polizei. Aber natürlich wimmelt es in der Nähe der Räuberhöhle nur so von Polypen. Das Spiel ist zu Ende, wenn alle Räuber eingefangen sind oder sich nicht mehr aus ihrer Höhle trauen.

Englisch Fangen und ähnliches

Jedes Fangen-Spiel (wie Räuber und Schandiz) könnt ihr zusätzlich erschweren. Das ist vor allem dann sinnvoll, wenn ihr nicht viel Platz zum Wegrennen habt und deshalb allzu leicht gefangen werden könnt. *Englisch Fangen* bedeutet, daß ihr euch nur an besonderen Körperstellen abschlagen könnt, zum Beispiel an der Wade, was viel schwieriger ist als auf dem Rücken. *Siamesisch Fangen* bedeutet, daß immer zwei als zusammengebundene siamesische Zwillinge herumlaufen müssen. Dann könnt ihr auch Fangen auf einem Bein, Fangen auf allen vieren, Fangen mit verbundenen Augen und so weiter spielen.

Sheriff und Pferdediebe
ab 6 Jahren
6 bis 30 Kinder

Volker ist Sheriff, und um ihn herum tummeln sich frech die Pferdediebe. Er braucht eine ganze Weile, bis er den ersten eingefangen hat: Lisa. Wenn Lisa Volker hilft, die übrigen Diebe zu fangen, wird sie nicht ins Gefängnis gesteckt. Zu zweit ist es schon leichter, die Bösewichter zur Strecke zu bringen. Ali ist der nächste, und er muß wie alle nach ihm Gefangenen dem Sheriff helfen – bis der letzte Dieb verschwunden ist.

Geheimagenten
ab 8 Jahren
8 bis 30 Kinder

Was niemand von den anderen weiß: Durch das Los ist Till zum Geheimagenten 007 geworden. Ganz unauffällig bewegt er sich unter den anderen Kindern. Bis er Sabine auf den Rücken tippt (möglichst ohne daß jemand anderes dies sieht). Jetzt weiß Sabine, wer 007 ist und muß von nun an für Till arbeiten. So geht es weiter, bis alle für den Geheimdienst arbeiten und der dadurch überflüssig geworden ist.

Wolf und Schafe

ab 4 Jahren
6 bis 12 Kinder

Jule ist der Wolf. Sie liegt auf dem Boden und schnarcht ganz erschreckend laut. Die anderen Kinder sind die Schafe: „Bääh, bääh!" nähern sie sich vorsichtig dem schlafenden Wolf. Plötzlich wacht der auf und schnappt sich das Schaf, das am vorwitzigsten war: Kai. Jetzt muß Kai Jule helfen, die andern Schafe zu fangen, die auf allen vieren davongehoppelt sind und sich, wenn sie können, irgendwo verstecken. (Natürlich bewegen sich auch Kai und Jule auf vier Beinen). Mit Hilfe von immer mehr eingefangenen Schafen schafft es Jule, der böse Wolf, nach und nach, alle anderen aufzuspüren.

Des Kaisers Soldaten

(Revolution)
ab 6 Jahren
10 bis 30 Kinder

Des Kaisers Soldaten müssen den Kaiser schützen, na klar. Sie bilden eine Kette quer über das Spielfeld. Lisa ist Kaiserin und kann sich hinter ihren Getreuen frei bewegen. Die Revolutionäre auf der anderen Seite müssen nun versuchen, die Kette zu durchbrechen, ohne daß sie von den Soldaten abgeschlagen werden. Wenn von den Revolutionären jemand die Kaiserin abschlagen kann, ist die Kaiserherrschaft gestürzt. Gelingt das nicht, ist die Revolution fehlgeschlagen.

Diamantenschmuggel

ab 8 Jahren
10 bis 30 Kinder

Vor einer Ziellinie (der Grenze) stehen die Grenzpolizisten und passen auf. Sie wissen nämlich, daß ihre Gegner, die Schmuggler, ein Päckchen mit Diamanten über diese Linie bringen wollen. Wenn sie einen der Schmuggler erblicken, die sich vorsichtig heranschleichen, versuchen sie ihn abzuschlagen. Wer die Diamanten hat, wissen sie aber nicht, es sei denn, sie beobachten die Übergabe des Schmuggelgutes von einem zum anderen. Gelingt es den Schmugglern, ihre heiße Ware über die Grenze zu bringen, haben sie gewonnen, werden die Diamanten abgefangen, ist ein Satz Grenzpolizei-Verdienstorden fällig.

Riesenkrake
ab 6 Jahren
8 bis 30 Kinder

Anna ist dazu ausersehen, Keimzelle einer *Riesenkrake* zu werden. Jedes Kind, das sie zu fassen kriegt, wächst an ihr fest. Die Krake wächst und wächst und schickt in alle Richtungen ihre Fangarme aus. Es kann auch schon einmal ein Teil von ihr abreißen und sich selbständig machen, um besser andere Kinder zu fangen, aber so ein Krakenstück ist schnell wieder eingefangen und angewachsen. Bald sind alle Teil der riesigen Krake.

Wer hat Angst vorm Schwarzen Mann?
ab 6 Jahren
6 bis 20 Kinder

Ein Spielfeld ist abgesteckt; auf der einen Seite steht der Schwarze Mann, auf der anderen alle übrigen. Der Schwarze Mann ruft mit düsterer Stimme:
– „Habt ihr Angst vorm Schwarzen Mann?"
– „Nein, nein, nein!"
– „Wenn er aber kommt?"
– „Dann laufen wir davon!"
In dem Augenblick laufen alle los und versuchen, zum Spielfeldende des Schwarzen Mannes zu gelangen. Das ist nicht einfach, denn der Schwarze Mann ist auch vorgelaufen und schlägt jeden ab, den er erwischt. Außerdem darf der Schwarze Mann vor- und zurücklaufen, während alle anderen sich nur vorwärts bewegen dürfen.

Wollfadenkampf

ab 8 Jahren
10 bis 30 Kinder

Die „Roten" (man erkennt sie an den roten Wollfäden, die sie um ihr Handgelenk tragen) versuchen die Burg der „Blauen" (sie tragen einen blauen Wollfaden) zu stürmen und deren Fahne zu erbeuten. Im Kampf Mann gegen Mann, Frau gegen Frau und Frau gegen Mann versuchen die Roten, den Blauen ihre Wollfadenarmbänder abzureißen und umgekehrt. Wer keinen Faden mehr hat, ist kampfunfähig. Ob es den Roten gelingt, die blaue Burg zu erstürmen?

Zimmersuche

ab 6 Jahren
6 bis 12 Kinder

Alle haben ein Zimmer, das heißt, sie stehen vor einem Baum (einem Stein oder einem Pappkarton), der ihr Zimmer darstellt. Nur Anna ist beim Wohnungsamt abgewiesen worden und hat kein Dach über dem Kopf. Nun macht sie die Runde und bittet mit tränenerstickter Stimme um eine Unterkunft. Während einer nach dem anderen sie hartherzig abweist, besuchen sich die anderen Kinder gegenseitig. So steht immer mal wieder ein Zimmer leer. Und als Lisa gerade bei Ali ist, besetzt Anna blitzschnell ihr Zimmer und macht sich darin breit. Jetzt ist Lisa obdachlos.

Fangen im Kreis
ab 6 Jahren
12 bis 30 Kinder

Alle bilden einen doppelten Kreis: jedes Kind hat ein anderes vor sich stehen. Ali ist der Fänger und lauert in der Mitte des Kreises. Als er gerade in die andere Richtung guckt, löst sich Sarah von ihrem Hintermann und läuft los. Jetzt könnte Ali sie fangen; aber gerade noch rechtzeitig stellt sich Sarah vor Kai. Das bedeutet, daß Kais Hintermann, Volker, losrennen muß. Bei diesem Spiel dürfen nämlich nie mehr als zwei Kinder hintereinander stehen. Wenn er schnell genug ist, erwischt Ali Volker, bevor der sich vor jemand anders stellen kann. Dann ist Volker der Fänger.

Die rettende Burg
ab 8 Jahren
10 bis 30 Kinder

Alle Burgbewohner sind ausgegangen. Auf die Nachricht, daß ein feindliches Heer eingebrochen ist, verstecken sie sich im Gelände. Wenn einer der Feinde ein Burgfräulein oder einen Ritter im Versteck aufgestöbert hat, haben die nur eine Chance: die Burg zu erreichen, bevor sie der Feind gefangen (abgeschlagen) hat. In der Burg sind sie sicher – aber davor warten schon weitere Gegner auf sie . . .
Rettende Burg ist ebenso ein Versteck- wie ein Fangen-Spiel. Bei Versteckspielen im Gelände ist es wichtig, daß bei den vielen möglichen Verstecken, die es draußen gibt, auch wirklich alle gefunden werden. Es soll schon vorgekommen sein, daß Kinder noch stundenlang in ihren Verstecken lagen, während die anderen schon heimgegangen waren. Deshalb ist es hier oft besser, wenn alle einen suchen, als wenn einer alle sucht.

Miau
ab 6 Jahren
6 bis 12 Kinder

Jan muß sich verstecken, und die anderen sollen ihn finden. Um ihnen das etwas leichter zu machen, gibt er von Zeit zu Zeit „Miau!“ von sich. Jetzt wissen die anderen, wo sie ihn suchen müssen. Aber noch haben sie ihn nicht, denn Jan darf sein Versteck wechseln, sobald er nach einem „Miau“ bis zehn gezählt hat. Natürlich könnt ihr *Miau* auch so spielen, daß eine Gruppe eine andere Gruppe von miauenden (bellenden, meckernden, grunzenden) Kindern suchen muß.

Schnitzeljagden und Rallyes

Mir nach!
ab 6 Jahren
4 bis 12 Kinder

Das ist die einfachste Form der Geländerallye: „Mir nach!“ ruft Aische und läuft vorweg. Als sie über einen Bach springt, müssen alle anderen das nachmachen, als sie einen Purzelbaum schlägt, müssen alle hinterherrollen. Als sie einen Baum rauf- und wieder runterklettert, müssen alle hinauf. Otto ist leider nicht so gut im Klettern und schafft es nicht. Deshalb muß Otto jetzt die ganze Bande anführen. Er versucht es mit einer Rolle rückwärts – die machen aber alle problemlos nach. Jetzt hat er eine ganz andere Idee: Er klemmt einen Grashalm zwischen beide Daumen und bläst, ja, trompetet damit. Das kriegt Susanne einfach nicht hin. Jetzt ruft sie: „Mir nach!“ – Was ihr wohl an neuen Aufgaben einfällt?

Schatzsammeln
ab 6 Jahren
6 bis 30 Kinder

Zwei Schatzsammlergruppen versuchen möglichst viele auf einer Wiese oder Lichtung verstreute Gegenstände zu finden und als Schatz anzuhäufen. Das können (wie beim Ostereiersuchen) absichtlich versteckte hübsche oder wohlschmecke Dinge sein oder auch alle die Sachen, die nicht in die natürliche Umgebung passen: die Papierchen, Tüten, Dosen, Kronkorken, Schachteln, die ihr selbst im Laufe des Tages achtlos weggeworfen habt oder andere schon vor euch. Dann ist Schatzsuchen ein richtiges *Öko-Spiel*. Klar, daß die Gruppe gewinnt, die am Ende den größten Schatz hat.

Spontan-Schnitzeljagd
ab 8 Jahren
10 bis 30 Kinder

Das ideale Spiel für den Heimweg: Die erste Gruppe hat fünf Minuten Vorsprung. Sie muß dafür aber ihren Weg deutlich markieren: mit Pfeilen, geknickten Ästen, gut sichtbaren Fußspuren, schnell auf Zettel gekritzelten Botschaften. Die zweite Gruppe versucht die erste einzuholen, muß aber aufpassen, daß sie in der Eile keine Spuren übersieht. Spätestens zu Hause (oder in der Jugendherberge) hat sie die anderen erreicht.

Rallye
ab 10 Jahren
6 bis 30 Kinder

Ihr teilt euch in mehrere Gruppen zu drei, vier oder fünf Kindern. Jede Gruppe muß so schnell wie möglich den ersten Anlaufpunkt erreichen. Den findet ihr entweder mit Hilfe eines gezeichneten Wegeplans, den ihr ausgehändigt bekommt, oder dadurch, daß ihr den Wegmarkierungen folgt. Am Anlaufpunkt sitzt einer der Organisatoren, der die erste Aufgabe stellt, oder ihr findet einen Zettel: „In dem Baum gleich neben euch wohnt eine Vogelfamilie. Was für Vögel sind das?" Außerdem findet ihr

eine Anweisung, wie ihr zum nächsten Punkt kommt. Dort heißt die Aufgabe: „Irgendwo in 500 Meter Umkreis befindet sich das Waldcafé. Wie heißt der Wirt, was kostet eine Limo bei ihm und wieviele Kinder hat er?" – Um die letzte Frage beantworten zu können, müßt ihr den Wirt selbst fragen. Der ist auch so freundlich und erklärt euch, wie ihr zum letzten Punkt gelangt. Am Ziel bekommt ihr für jede richtige Antwort auf

eine Frage – je nachdem, wie schwer sie war – eine bestimmte Punktzahl.
Bei einer *Fahrradrallye* wird der Umkreis, in dem ihr auf einer Rallye die Gegend erkunden könnt, schlagartig viel größer.

Schatzsuche
ab 8 Jahren
6 bis 20 Kinder

Irgendwo ist der Schatz versteckt oder vergraben. Aber wo? – Das weiß nur die Vorhut, die ihn versteckt hat. Sie hat aber auch den Weg zum Schatz gekennzeichnet: mit an Weggabelungen in Pfeilform ausgelegten Zweigen, mit Kreidemarkierungen oder auf den Weg gestreuten Papierschnitzeln. Um die Sache noch schwieriger zu machen, haben die Schatz-Vergräber zusätzlich besondere Aufgaben gestellt: Ein Pfeil weist auf einen Stein, und unter dem Stein liegt ein Zettel: „Wenn ihr hundert Meter in der Richtung geht, in die der Zweig über diesem Zettel zeigt, stoßt ihr auf einen großen Baum. Dort findet ihr die nächste Nachricht." Tatsächlich hängt in diesem

Baum wieder ein Zettel (mit Hilfe der „Räuberleiter" erreichbar): „Geht zurück zu dem Stein mit der letzten Nachricht und von da links den Weg entlang, bis ihr an eine kleine Höhle (Fuchsloch) gleich am Waldende rechts auf der Wiese kommt. Guckt da rein!"
Wer weiß, vielleicht ist da der Schatz drin, vielleicht aber auch erst die nächste Botschaft . . .

Wenn der Mond aufgeht über dem dunklen Tann – dann, ja dann ist die Stunde der Geister und des Gruselns gekommen. Mit ein paar Taschenlampen bewaffnet, geht ihr ins Freie, tretet ein in das Reich der Gespenster, Vampire und Zombies, Wiedergänger und Untoten.

Gespensterjagen
ab 8 Jahren
10 bis 30 Kinder

Ihr müßt euch in zwei Gruppen aufteilen: Die einen sind die Gespenster, die anderen die Gespensterjäger. Die Gespenster gehen voran, und vielleicht werfen sie sich noch leichenfahle Bettücher über. Nach einer Minute folgen die Gespensterjäger. Plötzlich brechen die Gespenster mit gräßlichem „Huhuuh!" aus dem kohlpechrabenschwarzen Gebüsch. Der Schrecken ist groß, aber die beherztesten unter den Gespensterjägern rennen los, um die Gespenster zu fangen und (durch Abschlagen) zu erlösen. Die erlösten Gespenster dürfen jetzt auch Gespenster jagen. Das geht solange, bis es kein Gespenst mehr gibt.

Tanz der Vampire
ab 8 Jahren
8 bis 30 Kinder

Umgekehrt und deshalb noch gruseliger geht's beim *Tanz der Vampire* zu (vergleiche Seite 58): Die Gespenster oder Vampire ergreifen die Lebenden und machen sie dadurch auch zu Vampiren.

Dies ist das gruseligste aller Gruselspiele: Eine mondbeschienene Wiese ist der *Friedhof der Kuscheltiere*. Alle legen sich auf die Erde; sie liegen da friedlich in ihrem Grab . . . bis auf Susanne, die hat ihren Frieden nicht gefunden und wandelt unruhig zwischen den Gräbern auf und ab, macht „huuh, huuh!" und beugt sich von Zeit zu Zeit zu einem der toten

Friedhof der Kuscheltiere
ab 10 Jahren
8 bis 30 Kinder

Kuscheltiere hinab. Antonio ist der erste, der es nicht mehr aushält, ruhig liegen zu bleiben, und anfängt zu lachen (vielleicht hat Susanne auch mit Kitzeln nachgeholfen). Jetzt sind es schon zwei, die die Ruhe der Kuscheltiere stören, und bald ist der ganze Friedhof lebendig geworden.

Um seine Seele rennen
ab 8 Jahren
8 bis 30 Kinder

Bei diesem Spiel haben normale Menschenkinder und Vampire (Zombies, Gespenster) gleich große Chancen: Sobald ein Gespenst auf einen Menschen trifft und ihn berührt, muß der um seine Seele rennen zur Waldkapelle (dem vereinbarten Freimal). Gelingt es dem lebendigen Menschen, die Waldkapelle vor dem Untoten zu erreichen, hat er seine Seele gerettet und den Vampir erlöst. Gelingt es aber dem Untoten, den lebendigen Menschen vor der Waldkapelle abzuschlagen, gibt es wieder einmal einen Vampir mehr auf Erden.

Achtung! Gespensterspiele, so schön sie auch für Kinder mit starken Nerven sein mögen, sind nichts für kleine und für sensible Kinder. Deshalb müßt ihr unbedingt diese Regeln einhalten. Erstens: Kein Kind darf dazu gedrängt werden, bei einem Gespensterspiel mitzumachen. Zweitens: Wenn jemand im Laufe des Spiels Angst zeigt, müßt ihr das unbedingt ernst nehmen. Drittens: Ihr dürft niemanden auslachen, nur weil er oder sie ängstlich war; jeder kann irgendwann einmal Angst bekommen. Schließlich: Lachen ist die beste Medizin gegen Angst; in hartnäckigen Fällen ist In-den-Arm-Nehmen allerdings noch besser.

HIMMEL UND HÖLLE

Wenn es im Frühjahr wärmer wird und alle möglichen schon ganz vergessenen Vögel auf einmal zu zwitschern anfangen, sind plötzlich überall auf den Straßen entlang der Schulwege und auf den Höfen hinter den Häusern Kinder eifrig damit beschäftigt, auf seltsamen Bodenzeichnungen herumzuhüpfen oder Knicker zu werfen.
Keine Schulpause ist zu kurz fürs Weiterspielen, und wenn es regnet, gibt es Ersatzspiele, die sich auch im Klassenzimmer spielen lassen.

Auf Straße, Spielplatz und Hof

Himmel und Hölle
(Hickeln)
ab 7 Jahren
2 bis 8 Kinder

Schon die Kinder der alten Römer haben *Himmel und Hölle (Hickeln)* gespielt. Anna weiß, wie's geht. Sie malt mit Kreide (oder auf Sand mit dem Schuhabsatz) das Spielmuster auf den Boden und numeriert die Kästchen:

Das erste Kästchen ist die Erde. Da beginnt der Weg zum Himmel (oder zur Hölle). Lisa steht mit beiden Beinen auf der Erde und wirft das Steinchen, das Anna ihr gegeben hat (oder einen Kronkorken oder so etwas), auf Feld 1, hüpft hin, hebt es auf und hüpft zurück. Jetzt muß sie das Steinchen auf Feld 2 werfen und es dort abholen. Das nächste Mal muß sie mit dem Steinchen Feld 3 treffen (was schon nicht mehr so einfach ist), und es von dort zurückbringen. Das geht so weiter, bis sie durch die Hölle durch ist und den Himmel erreicht hat. Da darf sie (auf beiden Beinen) verschnaufen; aber dann geht das Spielchen von vorne los, denn sie muß ja zurück. Wenn sie aber einmal nicht genau ins Kästchen gehüpft ist oder mit dem Steinchen nicht das richtige Kästchen getroffen hat, muß sie ausscheiden und gucken, ob die anderen es besser können, bevor sie den nächsten Versuch machen kann. Schafft sie es aber, ohne Fehler über die Hölle hinweg wieder auf die Erde zu gelangen, ist sie fertig. Dann muß sie warten, bis alle durch sind und das Spiel schwieriger gemacht wird.

Vielleicht hat Lisa beim ersten Durchgang noch mit beiden Beinen hüpfen dürfen (wobei sie die Kästchen 4 und 5 sowie 7 und 8 nur mit je einem Fuß berühren durfte, also eine Grätsche machen mußte). Dann ist die zweite Aufgabe, nur auf einem Bein (dem linken oder dem rechten, das wird vorher ausgemacht) alle Kästchen durchzuhüpfen.

Wenn alle Kinder das geschafft haben, geht es noch komplizierter: Entweder muß das Steinchen jetzt bei jedem Zurückhüpfen auf dem Kopf (dem Finger, dem Unterarm, dem rechten oder linken Knie) balanciert werden, oder es muß mit dem Hüpf-Fuß jeweils in das nächste Kästchen gekickt werden. Ganz erfahrene Hicklerinnen und Hickler können einen Durchlauf sogar mit verbundenen Augen schaffen.

Montag, Dienstag, Mittwoch
ab 7 Jahren
2 bis 8 Kinder

Hier haben die Kästchen statt Nummern die Namen der Wochentage, und statt im Himmel darf man sich am Sonntag ausruhen.

Sonst geht es bei diesem Hickelspiel genauso zu wie bei Himmel und Hölle. Der Reiz ist hier, daß ihr euch von Donnerstag bis Sonntag einmal ganz herumdrehen müßt.

Briefeschicken
ab 7 Jahren
2 bis 8 Kinder

Beim *Briefeschicken* kommt es nur noch auf eure Hüpfkünste an. Es wird normalerweise ohne Steinchen-Werfen gespielt. Das Spielmuster sieht aus wie ein Briefumschlag, daher der Name des Spiels.

Zuerst hüpft ihr die Kästchen auf einem Bein einfach der Reihe nach durch. Beim zweiten Mal müßt ihr von der 4 mit beiden Füßen gleichzeitig auf die 5 und die 6 springen, von da mit einem Fuß auf die 7, dann gleichzeitig mit dem rechten Fuß auf die 9 und mit dem linken auf die 8. Jetzt heißt es springen, so daß ihr mit dem rechten Fuß auf die 8 und mit dem linken auf die 9 kommt.
Und nun geht's zurück.

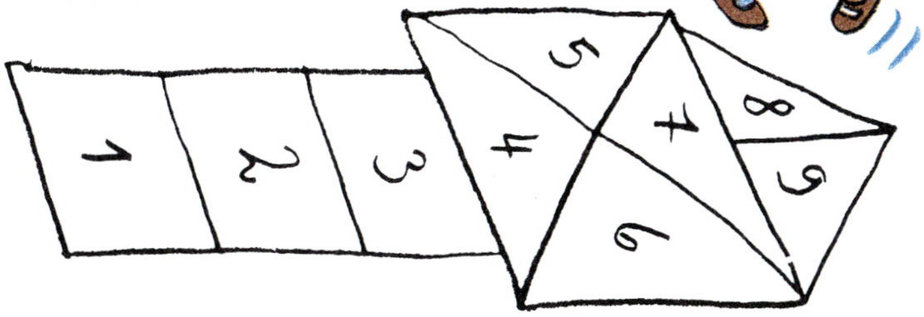

Beim dritten Durchgang springt ihr mit gekreuzten Beinen auf 8 und 9, dann rückwärts mit einem Fuß auf 7 und 6, von da mit beiden Füßen auf 5 und 4 und auf einem Fuß wieder bis 1. Ihr könnt euch noch eine Menge neuer Hüpfregeln ausdenken, mit Rückwärtshüpfen, gegrätschten und gekreuzten Beinen. Beim Briefeschicken kommt es darauf an, die ganze Hindernisstrecke nicht nur fehlerlos, sondern auch ohne Pause zurückzulegen. Das sieht dann richtig schön aus.

Gummitwist
ab 7 Jahren
2 bis 8 Kinder

Aische bringt das Gummiband mit, das gut drei Meter lang und mit beiden Enden zusammengeknotet ist. Otto und Sarah kriegen das Band in Knöchelhöhe um die Beine gelegt. Sie treten so weit auseinander, daß das Gummi straff, aber immer noch elastisch ist. Jetzt zeigt Aische, wie's geht: Sie stellt sich seitlich neben das langgezogene Viereck, das das Gummi bildet, hüpft dann mit beiden Beinen so, daß sie mit einem Fuß zwischen den Bändern landet, hüpft noch einmal, so daß sie mit dem einen Fuß schon auf der anderen Seite des Vierecks zu stehen kommt und mit dem anderen zwischen den Gummibändern. Beim nächsten Sprung nimmt sie beide Bänder zwischen die Beine. Jetzt dreht sie sich beim Springen in das Gummi hinein, hüpft aus dieser Drehung wieder heraus und springt erst mit einem Fuß, schließlich mit beiden wieder aus dem Viereck.

Das alles müssen Otto und Sarah erst einmal nachmachen. Als Sarah gerade hüpft, kommt Otto auf die Idee, daß Aische allein das Gummi halten kann, wenn er das andere Ende um die Mülltonne legt. Findig ist er ja, der Otto – aber ob er den *Gummitwist* auch schafft, wenn das Gummi höhergemacht wird, zuerst auf Kniehöhe, dann auf Pohöhe und zum Schluß auf Taillenhöhe?

Von Gummitwist gibt es noch eine Reihe komplizierter Varianten. Fragt mal herum, wie „holländisch“, „englisch“ und „französisch“ geht!

Knickern
(Klicker, Murmeln, Schusser)
ab 8 Jahren
2 bis 12 Kinder

Knicker heißen *Knicker* oder *Klicker*, weil es hübsch „klick“ oder „knick“ macht, wenn sie aneinanderstoßen; sie heißen auch *Murmeln* oder *Marmeln*, weil sie aus Marmelstein (Marmorstein) gemacht wurden, bevor es welche aus Glas gab.
Es gibt viele Regeln, nach denen ihr knickern könnt. Aber fast immer geht es darum, daß der Sieger die Knicker behalten darf, die die anderen eingesetzt haben. Ihr könnt also etwas gewinnen und den Einsatz beliebig erhöhen. Das ist wie bei den Geld- und Glücksspielen der Erwachsenen. Und es geht um die Geschicklichkeit, wie ihr mit der kleinen Glaskugel andere Knikker oder einen bestimmten Punkt trefft. Das ist wie beim Boule- oder Boccia-Spiel der Erwachsenen. Kein Wunder also, wenn Knickern so aufregend ist, wo es doch zwei der beliebtesten Erwachsenenspiele zusammenfaßt.

Volker und Ali graben ein Loch oder eine flache Kuhle, als Ziel für die Klicker. (Es geht aber auch mit einem einfachen kleinen Kreis; in der Wohnung kann eine Bodenfliese oder ein Muster des Perserteppichs, z. B. eine Blume, das Ziel sein – nur dürft ihr nicht mit Filzer den Kreis auf den Teppichboden malen!) Von einer Linie in einem bestimmten Abstand vom Loch oder Kreis aus werfen sie und die anderen im Stehen oder in der Hocke ihre Knicker möglichst nahe ans Ziel. Einen, zwei oder mehr Knikker, je nachdem, wie hoch der Einsatz sein soll. (Wer nicht mehr viele Knicker hat, darf auch mit kleinem Einsatz spielen.) Wenn

Volker alle Knicker im Loch („Topf“) hat, darf er die anderen behalten; wenn zwei oder mehr getroffen haben, teilen sie sich den Gewinn.
Wenn das Loch aber nicht zu groß und der Werfabstand nicht zu klein ist, trifft beim erstenmal normalerweise keiner.
Einer von Sophies Knickern liegt am nächsten zum Loch. Sie darf jetzt versuchen, ihn hineinzubekommen. Entweder durch „Schnicken“ (das heißt, der Knicker wird vom Zeigefinger angestoßen, der am Daumen „vorbeischnickt“) oder durch „Schiebeln“ (mit der Rückseite des Zeigefingers). Schnicken ist schwieriger, deshalb einigen sich alle für das erste Spiel auf Schiebeln. Sophie kriegt ihren Knicker nicht ins Loch, es gelingt ihr (zufällig) nur, einen von Alis Knickern, der auch ziemlich nahe am Loch war, wegzukicken. Jetzt ist Otto dran, denn der nächste Knicker am Loch gehört ihm. Und tatsächlich – geschickt schiebelt er ihn hinein. Wenn er auch die anderen Knicker ins Loch bekommt, gehören sie alle ihm. Schiebelt er daneben, ist der Nächste dran, und wer den letzten Knicker ins Ziel bringt, darf alle behalten.

Artillerie
ab 8 Jahren
2 bis 12 Kinder

Bei dem Knickerspiel mit dem schrecklich militärischen Namen „Artillerie“ legen alle ihren Einsatz in einen Kreis. Anna fängt dann an und wirft von der vereinbarten Linie aus einen weiteren Knicker auf die anderen. Trifft sie und kickt damit einen oder mehrere Knicker aus dem Kreis heraus, darf sie weitermachen. Wirft sie daneben, ist der nächste dran. Wer den letzten Knicker aus dem Kreis gekickt hat, darf alle einsacken.

Pfennigfuchsen
ab 8 Jahren
2 bis 12 Kinder

Alle werfen der Reihe nach einen Pfennig (einen Knicker, einen Bierdeckel) von einer markierten Linie aus gegen eine Mauer. Lisa hat ganz vorsichtig geworfen und gewinnt, denn ihr Pfennig liegt am nächsten zur Mauer. Sie darf alle anderen Pfennige einstecken.

Pausenspiele

In Regenpausen, in Freistunden, man munkelt sogar: in langweiligen Unterrichtsstunden, werden die Klassenzimmer zu regelrechten Spielhöllen.
Und das sind die beliebtesten Spiele dabei, wenn man einmal vom Werfen mit dem nassen Schwamm absieht, für das es keine Regel gibt:

Tischfußball
ab 8 Jahren
2 Kinder

Susanne und Till bestimmen ihre Bank zum Spielfeld. Radiergummis und Spitzer markieren auf beiden Seiten die Tore. Till holt aus seinem Portemonnaie drei Münzen und legt sie nebeneinander auf die Tischmittc. Eine Münze wirft er hoch und fängt sie mit dem Handrücken auf: Adler. Susanne darf anfangen, denn sie hat vorher „Adler" gesagt. Sie schnippt mit dem Zeigefingernagel (oder „schiebelt" mit dem Zeigefingerrücken) die mittlere Münze zwischen den anderen durch. Dann kann sie sich aussuchen, welche Münze sie jetzt zwischen den beiden anderen hindurchschnippt. Sie macht es jedenfalls so, daß sie Tills Tor bedenklich nahekommt.
Der nächste Schuß geht leider nicht zwischen den beiden Münzen hindurch (oder geht ins Aus). Jetzt ist Till dran, und vielleicht erzielt er nach vier, fünf erfolgreichen Spielzügen das 1:0.

Schiffeversenken
(Fischefangen)
ab 10 Jahren
2 Kinder

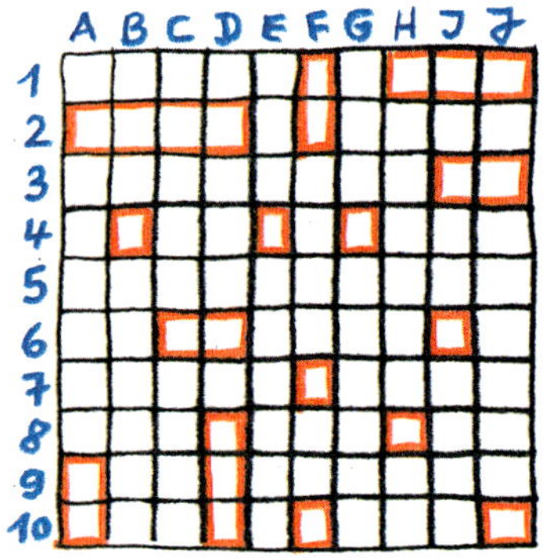

Hans und Antonio reißen jeder eine Seite aus ihren Rechenheften und rahmen je zwei Vierecke von zehn Kästchen Seitenlänge ein. Irgendwo auf einem dieser Felder zeichnet jeder für sich (und so, daß der andere es nicht sehen kann) seine Schiffe ein: ein Schlachtschiff von vier Kästchen Länge, zwei Zerstörer von drei Kästchen Länge, vier Kreuzer à zwei Kästchen und acht U-Boote, die jeweils nur ein Kästchen einnehmen. Um jedes dieser Schiffe muß Wasser sein, das heißt mindestens ein freies Kästchen auf allen Seiten. Am Rand des Feldes werden die Spielfelder waagerecht mit den Buchstaben A bis J, senkrecht mit den Zahlen 1 bis 10 gekennzeichnet. Mit diesen Koordinaten ist jedes Kästchen im Feld zu bezeichnen. Antonio fängt an zu schießen: „B 4!" – Da kann Hans nur „Platsch!" sagen, denn in dem Kästchen ist nichts als Wasser. Antonio zeichnet das schnell auf dem zweiten Feld ein, damit er nicht noch einmal auf dasselbe Kästchen zielt. Jetzt ist Hans dran: „C 6!" – „Treffer, angeschossen." Auch Hans zeichnet seinen Treffer auf dem zweiten Feld ein. Weil er getroffen hat, darf er weitermachen: „C 7!" – „Platsch!" Jetzt ist Antonio an der Reihe, aber Hans hat schon eine Idee, wo er weitermachen kann. Und als Antonio wieder ins Wasser geschossen hat, sagt er „D 6!" – „Treffer, versenkt!" muß Antonio zugeben, der jetzt einen Kreuzer weniger hat . . .

Wer ernsthaft darüber nachdenkt, was „Schiffeversenken" in Wirklichkeit bedeutet, kann das Spiel mit Schlachtschiffen und U-Booten leicht ziemlich grauenvoll finden. Es stammt halt noch aus Kaiser Wilhelms Zeiten, als die Kinder in Matrosenanzüge gesteckt und dazu erzogen wurden, „für das Vaterland" zu sterben. Wenn ihr also nicht Schiffe versenken wollt, könnt ihr einfach Fische fangen: aus dem Schlachtschiff wird ein fetter Karpfen, aus dem Zerstörer der Hecht im Karpfenteich, zwei Kästchen hat die Forelle und eines der Stichling.

Aische und Sabine spielen lieber das *Kästchenspiel* als Schiffe versenken. Sie zeichnen ihr Spielfeld auch auf Kästchenpapier: Zum Beispiel ein Viereck mit je 10 Kästchen Seitenlänge. (Das Spielfeld kann aber jede Form und Größe haben.)
Aische hat eine grünen Filzer und markiert damit eine Seite von irgendeinem Kästchen. Sabine malt mit ihrem roten Stift eine andere Begrenzungslinie desselben Kästchens nach. Jetzt malt Aische ganz woanders eine Kästchenseite grün. Sabine denkt, jetzt hat Aische das erste Kästchen vergessen, und malt die dritte Seite des ersten Kästchens an. Darauf hat Aische nur gewartet, denn jetzt kann sie das Kästchen „zumachen“: Sie malt auch die vierte Seite an und darf jetzt ihr Zeichen (einen Kringel; Sabine hat ein Kreuzchen) da hineinmalen. Beim nächsten Mal paßt Sabine bestimmt besser auf. Aber erst ist noch einmal Aische dran, denn wer ein Kästchen zumachen kann, darf weitermachen.

Kästchenspiel
ab 10 Jahren
2 Kinder

Regina, Antonio und Susanne haben ein Spiel angefangen, über dem sie noch eine Weile brüten werden: Regina hat einfach ein paar Punkte aufs Papier gemalt. Alle müssen nun der Reihe nach immer zwei dieser Punkte durch eine Linie (die nicht gerade zu sein braucht) verbinden. Dabei wächst auf der Mitte dieser Verbindungslinie ein neuer Punkt, der wieder mit den anderen verbunden werden kann. Die Schwierigkeit ist allerdings, daß von einem Punkt nicht mehr als drei Linien ausgehen dürfen. Deshalb verlangsamt sich allmählich das Sprießen dieses *Sprößlings*, und irgendwann geht's nicht mehr weiter. Wer keine Linie mehr ziehen kann, hat Pech gehabt.
Fangt am besten mit vier, fünf oder sechs Punkten an; mit mehr wird's hochkompliziert. Ihr könnt auch vereinbaren, ob eine neue Linie eine alte durchkreuzen darf oder nicht.

Sprößling
ab 10 Jahren
2 bis 6 Kinder

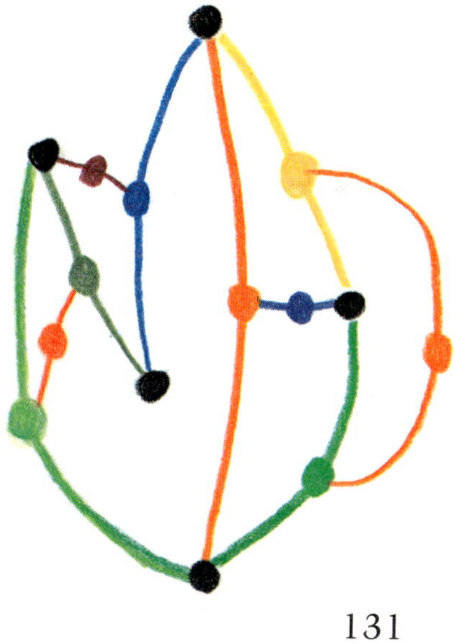

Misthaufen I
ab 7 Jahren
2 bis 4 Kinder

Etwas einfacher als Sprößling ist das *Misthaufen-Spiel.* Kai malt eine Menge Kringel überall auf ein Blatt Papier und schreibt in jeden Kringel eine Zahl. Jule darf jetzt 1 und 2 verbinden; Sarah verbindet 2 und 3 und Sabine 3 und 4 – wenn sie kann, denn die Linien dürfen sich nicht überkreuzen oder berühren. Irgendwann geht's nicht mehr, aber das Blatt sieht dann schon aus wie ein Misthaufen.

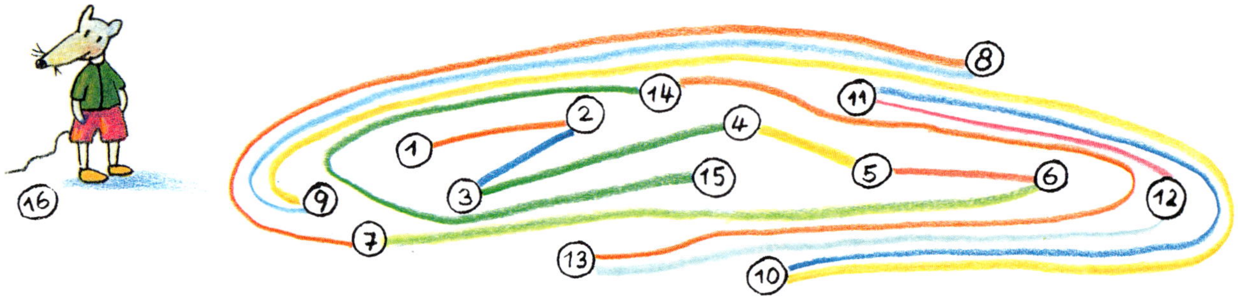

Misthaufen II
ab 8 Jahren
2 bis 4 Kinder

Otto und Ali spielen Misthaufen einfach mit Punkten auf dem Papier, von denen sie abwechselnd immer zwei verbinden, egal in welcher Reihenfolge. Jeder Punkt darf nur einen Ein- und einen Ausgang haben, und keine Linie darf eine andere schneiden!

Von allen Kartenspielen mit „richtigen“ Spielkarten ist *Mau-Mau* in Kinderkreisen am beliebtesten.

Mau-Mau
ab 8 Jahren
3 bis 6 Kinder

Antonio mischt die Karten eines Skatspiels fachmännisch und gibt: sechs bis neun Karten für jede(n), je nachdem, wie viele Kinder mitspielen. Die übriggebliebenen Karten legt er auf einen Stapel in der Mitte, deckt die oberste Karte auf – eine Karo Vier – und legt sie neben den Stapel. Regina ist als erste dran und muß die Karo Vier „bedienen“, indem sie entweder denselben Wert von einer anderen „Farbe“ als Karo oder einen anderen „Wert“ derselben „Farbe“ drauflegt. Weil sie Hans ärgern will, der nach ihr an der Reihe ist, legt sie eine (Karo) Sieben ab. Eine Sieben bedeutet nämlich, daß der Nächste zwei Karten aus dem Stapel nehmen muß. Sabine, die nach Hans an der Reihe ist, muß passen, weil sie weder eine Sieben noch ein Karo hat. Deshalb muß sie vom Stapel eine Karte nehmen. Wenn sie Glück hat, zieht sie eine Sieben oder ein Karo und kann doch noch eine Karte loswerden. Antonio, der Nächste, freut sich, daß er seine Karo Acht jetzt ablegen kann: Nach einer Acht muß nämlich die Nächste (Regina) aussetzen. Hans müßte jetzt auch passen, wenn er nicht einen Buben hätte. Einen Buben kann er nämlich immer abwerfen. Außerdem kann der, der einen Buben ablegt, sich die Farbe wünschen, die als nächste bedient werden soll. Weil Hans denkt, daß Sabine kein „Kreuz“ hat, sagt er: „Kreuz!“ – Sollte er aber verbotenerweise einen Blick auf Sabines Karten geworfen haben, so hat er falsch geguckt, denn Sabine wirft vergnügt ihre Kreuz-Dame auf den Stapel.
Ein paar Runden weiter sagt Regina: „Mau-Mau!“, denn sie ist die erste, die ihre letzte Karte abwerfen kann. Jetzt müssen die anderen ihre Karten aufdecken, und ihre Minuspunkte werden

gezählt: Alle Zahlen zählen nach dem aufgedruckten Wert, Dame, König und As zählen zehn. Der Bube zählt zwanzig.
Manche spielen so, daß ein normaler Sieg im Spiel mit „Mau!" angekündigt wird und daß „Mau-Mau!" nur sagen darf, wer als letzte Karte einen Buben abwirft. Im Falle von Mau-Mau zählen dann alle Werte doppelt. Das ist die Belohnung für das größere Risiko, das es bedeutet, wenn jemand den höchsten Wert bis zuletzt in der Hand behält.
Noch abwechslungsreicher wird *Mau-Mau*, wenn jeder, der dran ist, erst einmal eine Karte aus dem „Stock" (vom Stapel) nehmen muß und immer auch nur eine Karte verdeckt ablegen darf (zusätzlich zu der, mit der er, falls er kann, die offenliegende Karte bedient).

Mau-Mau vorwärts und rückwärts
ab 10 Jahren
3 bis 6 Kinder

Normalerweise wird *Mau-Mau* reihum „wie die Kaffeemühle" (im Uhrzeigersinn) gespielt. Als erprobte Spieler werdet ihr dem Spiel aber ganz neue Reize abgewinnen, wenn jeder im Spiel sagen kann: „Stop, andersherum." Auf diese Weise kann verhindert werden, daß jemand zu schnell „Mau-Mau" sagt.

Mau-Mau mit Schummeln
ab 10 Jahren
3 bis 6 Kinder

Wenn *Mau-Mau* zügig, womöglich vorwärts und rückwärts, gespielt wird, ist es ziemlich leicht, ab und zu mal ein Karo statt eines Herzens oder eine Dame statt eines Königs auf den Stock zu legen, ohne daß es jemand merkt. Ihr könnt solche Schummeleien auch ausdrücklich erlauben! Wenn niemand eine Mogelei bemerkt hat, bevor der nächste seine Karte nimmt, braucht der Schummler nichts zurückzunehmen.

Mogeln

ab 10 Jahren
3 bis 6 Kinder

Was bei Mau-Mau nur nebenbei eine Rolle spielen kann, das Betrügen, ist bei *Mogeln* die Seele des Spiels (das auch *„Lügen“*, *„Schummeln“* oder von ganz schrecklich schlimmen Kindern *„Bescheißen“* genannt wird).

Eigentlich sollen die Karten in der Reihenfolge As, 2, 3, 4, 5, 6, 7, 8, 9, 10, Bube, Dame, König, As und wieder 2, 3, usw. abgeworfen werden. Till fängt also an, wirft eine Karte verdeckt ab und ruft „As“. Susanne legt eine Karte darauf und sagt: „Zwei!“ Hans wirft die nächste ab und ruft: „Drei!“ – Er ruft aber ein bißchen zu laut und außerdem grinst er so komisch. „Du lügst!“ giftet Sabine deshalb, und Hans muß seine Karte aufdecken. Die ist tatsächlich alles andere als eine Drei. Der so Erwischte muß nun die bisher abgelegten Karten an sich nehmen. Er kann jetzt mit irgendeiner anderen Karte anfangen, und Sabine muß den nächsten Wert drauflegen.

Antonio, der nach ihr dran ist, hat auch nicht die richtige Karte. Er findet es aber besser, jetzt nicht zu lügen und nimmt sich lieber eine Karte vom Stapel. Eine Runde später ist es Sabine, die ganz süßlich lächelt, so daß Hans den Augenblick der Rache für gekommen hält und „Du lügst!“ ruft. Reingefallen. Sabine hat nicht gelogen, sondern nur so getan, als ob sie lügen würde. Und wieder muß Hans den ganzen Stapel der in der letzten Runde abgeworfenen Karten nehmen. Eine falsche Verdächtigung ist nämlich genauso schlimm wie lügen. Unwahrscheinlich, daß ausgerechnet Hans als erster seine Karten los wird.

Mäxchen
ab 10 Jahren
4 bis 20 Kinder

Nie macht Lügen und Betrügen mehr Spaß als bei dem Würfelspiel, das *Mäxchen* heißt.

Ihr braucht zwei Würfel, einen Würfelbecher (eine Tasse tut's auch) und einen Bierdeckel (oder eine Untertasse), damit ihr den Becher mit den Würfeln, so wie ihr sie unter dem Becher ausgeschüttet habt, weiterreichen könnt. Außerdem kriegt jeder drei, vier oder fünf Streichhölzer. Und jetzt muß jeder versuchen, einen höheren Wert zu würfeln als sein Vorgänger. Dabei wird so gezählt: Die Augen auf den Würfeln gelten als die Ziffern einer zweistelligen Zahl, wobei die höhere Ziffer immer die erste ist. Bei 31 wird angefangen zu zählen, und weiter geht es: 32, 41, 42, 43, 51, 52, 53, 54, 61, 62, 63, 64, 65. Höher sind die Werte, wenn beide Würfel dieselbe Augenzahl zeigen: Einerpasch, Zweierpasch, Dreier-, Vierer-, Fünfer- und Sechserpasch. Am meisten wert ist aber die niedrigste mögliche Zahl: 21, und die Einundzwanzig heißt – Mäxchen.

Susanne fängt routiniert an, schüttelt den Würfelbecher und sagt: „31", ohne überhaupt unter den Becher zu gucken. Braucht sie auch nicht, denn unter 31 kann sie gar nicht liegen. Sie gibt den Becher an Aische weiter, die, neugierig wie sie ist, nun doch drunter guckt und ihn, ohne zu würfeln, mit der Bemerkung „53" an Till übergibt. Till ist skeptisch, sagt aber nichts, sondern guckt auch drunter. Dummerweise liegt da genau der Wert von 53. Er muß aber höher gehen. Jetzt hat er zwei Möglichkeiten: Entweder, er gibt den Becher mit Pokergesicht weiter und behauptet zum Beispiel: „54“, oder er würfelt neu und hofft, höher zu kommen. Er entschließt sich zu letzterem, guckt unter den Becher und behauptet grinsend: „Einerpasch“. – „Glaub ich nicht!“ sagt Regina darauf – und Till muß aufdecken. Pech hat Regina, denn Till hatte sogar einen Zweierpasch. Deshalb muß Regina jetzt eins von den fünf Streichhölzern abgeben, die vor ihr liegen. Sie würfelt, guckt unter den Becher und behauptet entschieden: „64“. Sie steigt also ziemlich hoch ein. Aber auch nicht zu hoch. Deshalb glaubt ihr Hans, guckt unter den Becher und sagt: „65“. Sabine ist etwas mulmig zumute; sie guckt erst gar nicht nach und behauptet, daß der nächsthöhere Wert unter dem Becher liegt: „Einerpasch“: Das mag Antonio aber gar nicht glauben. Sabine deckt auf, und es stellt sich heraus, daß schon Regina geblufft hat, denn da liegen kümmerliche 42. Nun muß Sabine ein Streichholz abgeben . . .

Wer keine Streichhölzer mehr hat, muß ausscheiden.
Natürlich könnt ihr aus *Mäxchen* auch ein Pfänderspiel machen, dann müssen alle, die des Betruges überführt sind, ein Pfand abgeben.

Knobeln
(mit Streichhölzern)
ab 8 Jahren

Wenn ihr keine Karten oder Würfel habt – Streichhölzer werdet ihr allemal auftreiben. Susanne verteilt die Streichhölzer. Jeder kriegt drei. (Wenn weniger Mitspieler da sind, können es auch vier oder fünf sein.) Alle verteilen hinter ihrem Rücken die

Streichhölzer auf ihre beiden Hände und legen die rechte Faust geschlossen auf den Tisch. Antonio fängt an zu raten, wieviele Streichhölzer jetzt zusammengenommen auf dem Tisch liegen. Vielleicht gar keine – wenn nämlich alle ihre Streichhölzer in der linken Hand gelassen haben; höchstens aber, rechnet Antonio, sind es bei vier Mitspielern zwölf. Wahrscheinlich liegt die Wahrheit in der Mitte, denkt er, und sagt: „Sechs!" Susanne tippt auf vier, Aische auf sieben, Regina auf acht. Jetzt müssen alle die Fäuste öffnen und zeigen, was sie haben. Es sind zusammen sieben, und Aische darf ein Streichholz abgeben. In der nächsten Runde sind also nur noch elf Streichhölzer im Spiel. Wer zuerst alle Streichhölzer los ist, hat gewonnen.

Alphabetisches Spieleverzeichnis

Rotraut Susanne Berner ist 1948 in Stuttgart geboren. In München hat sie das Zeichnen gelernt. Heute wohnt sie in Heidelberg und arbeitet zu Hause als vielbeschäftigte Illustratorin. Von den Büchern, die sie gestaltet hat, gefallen ihr am besten das Kinderliederbuch *Freche Lieder – liebe Lieder* und die Nonsense-Gedichte-Sammlung *Schmurgelstein so herzbetrunken*. Ihr Lieblingsspiel ist *Armer schwarzer Kater*.

Edmund Jacoby, ebenfalls Jahrgang 1948, stammt aus Düsseldorf. Der gelernte Philosoph wohnt in Frankfurt am Main und arbeitet als Lektor in einem Verlag. Für Kinder hat er vor diesem Spielebuch noch nichts geschrieben. Er spielt am allerliebsten *Friedhof der Kuscheltiere*.